# 江戸の大詩人　元政上人

## 京都深草で育んだ詩心と仏教

植木雅俊

中公叢書

萩原是正師に捧ぐ

目次

# はしがき

二〇一七年は、京都・深草の元政上人《げんせいしょうにん》（一六二三〜六八）の三百五十遠忌《おんき》に当たり、東京・洗足の池上本門寺でその記念法要が行なわれ、筆者は「元政上人の詩歌と仏教」と題してその記念講演を行なった。本年（二〇一八年）は没後三百五十年に当たる。それを記念して神奈川・平塚の大神山隆盛寺《おおがみやまりゅうじょうじ》の萩原是正《はぎわらぜしょう》師（一九二七〜）が六十年近くにわたって収集された元政上人、および上人と交流のあった人々の墨蹟《ぼくせき》等をまとめて『深草元政上人墨蹟』（大神山隆盛寺文庫、A3判、三九八頁、二〇一六年）を出版された。筆者も縁あって、その墨蹟集の巻頭に付す「元政上人の詩歌と仏教」と題する「解説」を原稿用紙百枚ほどにまとめる機会を得た。

その原稿をまとめるに当たり、元政上人の詩歌や紀行文などの著作物を読み、上人についての記録・研究書などを調べるうちに、その業績と人徳の偉大さに圧倒されるようになった。その感動のなか、「解説」は上人の明快な文章に背中を押されるように一気に書き上げた。

ただ、細かい部分の描写には、手が届かなかったことを残念に思っていたところ、青山霞村《あおやまかそん》（本名は嘉二郎《かじろう》、一八七四〜一九四〇）という人が一九〇九年（明治四十二年）に出版していた『深草の元政』（東亜堂書房）を入手することができた。それは一九一七年の二百五十遠忌《おんき》を前に出版されたものだった。それを読んで、青山氏が「自分は草山に生れ草山に生長した」と言われるだけあって、地理的関係が明確になっただけでなく、時系列としての出来事も鮮明になった。

ただ、多少の誤植が気になっていたが、その本は一九三六年（昭和十一年）に同名で改訂版（平楽寺書店）が出ていたことも分かり、本書をまとめるに当たって、その改訂版も入手して参考にさせていただいた。

元政上人は、法華宗の僧侶としてだけでなく、漢詩、和歌、文筆に秀でた江戸時代有数の文化人として知られていた。上人の詩歌等の作品は、近年では、

日蓮宗全書出版会編『標註　艸山《そうざん》集』、須原屋書店、一九一一年
平樂寺編輯局編『標註　艸山集』、平楽寺書店、一九三〇年
山本勇夫著『高僧名著全集』第十四巻、平凡社、一九三一年
梅本正雄編『標註　艸山集』、本満寺、一九七七年
姉崎正治《あねざきまさはる》編『彙編《いへん》　艸山詩集《そうざんししゅう》』上下巻、平楽寺書店、一九四一年
島原泰雄編『深草元政集』全四巻、古典文庫、一九七七～七八年
上野洋三注『石川丈山・元政』、江戸詩人選集、第一巻、岩波書店、一九九一年
川口智康編『深草元政「草山集」を読む』、勉誠出版、二〇一七年

によってその全体、あるいは一部が紹介されている。

『標註　艸山集』は、日蓮宗全書出版会によって一九一一年に須原屋書店から出版されたもので、『艸山集』全編が収録されている。その後、一九七七年に京都・本満寺の梅本正雄師によって日蓮宗全書の影印復刻版が出版された。

『高僧名著全集』第十四巻は、元政上人の漢詩文集『艸山集』から「艸山要路」や短い書き物のほかに、漢詩八十六編を選んで書き下し文を付し、『元政上人詠類題集成』から和歌二百六首、さらに『身延の記』(『身延道《みのぶみち》の記《き》』)を収録して一九三一年に出版されている。漢文は全文が書き下しになっていて読みやすくなっているけれども、誤植が多いことが惜しまれる。

『彙編　艸山詩集』は、東京帝国大学に宗教学科を創設し、『法華経の行者　日蓮』を著わした姉崎正治博士(一八七三〜一九四九)が、元政上人に傾倒して編纂を手掛け一九四一年に出版したものである。彙編とあるように、「信行」「回向」「孝心」「病身」「閑居」「吟遊」「四季」「物象」といったテーマごとに詩が分類され、漢文と書き下しを併記し、次に解説ではなく、その漢詩の趣旨を踏まえて、姉崎博士自らが詠んだ短歌を挙げた独創的な本である。現代版・和漢朗詠集といったものだ。文庫本サイズで上下二巻に分かれていて、気軽に持ち歩いて読める便利なものである。

『深草元政「草山集」を読む』は、『艸山集』全編を書き下しにしたもので、漢文が苦手という人にも読みやすいものである。

このたび出版された『深草元政上人墨蹟』に収められた遺蹟の数々を目にすると、改めて元政上人の業績、人脈、後世までの影響などその偉大さに圧倒される。それも、十九歳で発病し、病身での四十六年という短い生涯においてなされたものであったと知れば、なおさらのことである。

その元政上人の名前を知る人は、今となってはほとんどいないかもしれない。まさに〝忘れられた詩人・文学者〟である。けれども、松尾芭蕉《まつおばしょう》（一六四四～九四）や、井原西鶴《いはらさいかく》（一六四二～九三）、北村季吟《きたむらきぎん》（一六二四～一七〇五）、小林一茶《こばやしいっさ》（一七六三～一八二七）、宝井其角《たからいきかく》（一六六一～一七〇七）、与謝蕪村《よさぶそん》（一七一六～八三）といった江戸時代を代表する文化人たちがこぞって元政上人を仰ぎ、讃嘆していた人であり、宮沢賢治（一八九六～一九三三）の「雨ニモマケズ手帳」にも「元政」の名前を挙げて上人の短歌がメモされていたことなどを知れば、没後三百五十年の歳月を経た今、元政上人を改めて見直すことも、日本文化の源流を知る上で重要なことであろう。

そういう意味でも、萩原師の半世紀以上にわたる取り組みの集大成である『深草元政上人墨蹟』（本文中では、萩原本と称する）は歴史的にも貴重なものだと言えよう。その歴史的意義が評価され、昨年十一月、立正大学の望月《もちづき》学術賞を受賞した。本書は、その元政上人の人と思想、作品について概観したものであるが、上人再考の一助にでもなれば幸いである。

なお本書では、年齢はすべて数え年で表記することに統一した。写真は、『深草元政上人墨蹟集』から転載した。

本書の執筆に当たり、写真転載を快諾してくださった萩原師をはじめ、執筆を勧めてくださった岩波書店前編集部長の高村幸治氏、また藤井浄成、佐藤繁、翁悦治ら隆盛寺関係の各氏には多大な協力、アドバイスをいただいた。
また、中央公論新社の郡司典夫さんには、『仏教、本当の教え』（二〇一一年）に続き、またも編集の労を取っていただき感謝に堪えない。

二〇一八年九月三日　――わが原点の日に

植木雅俊

# 江戸の大詩人　元政上人　——京都深草で育んだ詩心と仏教

元政上人御影（石踊紘一模写、隆盛寺蔵）

# 第一章　深草隠棲

## 出家前の元政上人

元政上人は、元和《げんな》九年（一六二三年）二月二十三日に京都で武士の子（五男二女の末子）として生まれた。その家系は、公家（九条家）に仕えた武家であったが、元政の父・石井宗好《むねよし》（一五七二～一六五八）の代になって梶井宮門跡《かじいのみやもんぜき》（大原の天台宗三千院《さんぜんいん》）に出仕し、さらに武道への思いを強くして毛利輝元《もうりてるもと》（一五五三～一六二五）の家臣となった。主君の信頼も厚かったようで、石《せき》州《しゅう》（石見国《いわみこく》）の一城の主《あるじ》となり、輝元の一字を与えられて元好《もとよし》と名を改めている。しかし、関ヶ原の合戦（一六〇〇年）後の毛利家の領地縮小もあってか、官職を退き京都に戻った。元政が生まれたのは、一条戻橋《いちじょうもどりばし》（京都市上京区堀川一条）辺りであったという。幼名を俊（俊平？）といい、後に源八郎と改めた。満一歳になるころ、多くの玩具を並べて、どれを取るかやらせてみ

日蓮聖人画像（妹尾天然画、隆盛寺蔵）

て、その非凡なことが知られたと記されている。具体的記述に欠け、何をもって非凡としているのか分からないが、他の幼児とは何か異なっていたことだけは理解できる。

長兄の元秀は近江《おうみ》彦根藩の第二代藩主・井伊直孝《いいなおたか》（一五九〇～一六五九）に仕えた。次男、三男、四男はいずれも夭《よう》折《せつ》している。長姉、春光院は直孝の側室となり、元政が生まれて二年後の寛永二年（一六二五年）には、直孝の子をもうけていて、その子は五男の末子ながら万治二年（一六五九年）には彦根藩の第三代藩主・井伊直澄《なおすみ》（一六二五～七六）となった。藩主の母堂となった姉は、江戸藩邸に下った。それは、元政が母を伴って身延《みのぶ》山《さん》に参詣した年であり、身延山からの帰途、元政らは、姉を訪ねて江戸まで足を延ばしている。次姉は、名古屋の川澄家に嫁いでいて、元政上人と母は、身延山に参詣した折の行き帰りに川澄家に立ち寄っている。

このような井伊家とのつながりもあって、元政は八歳で兄のもとでの武芸と行儀作法見習いのために近江の彦根に行き、十歳で学問のために京都に戻った。安土桃山・江戸前期の俳人・国学者である松永貞徳《まつながていとく》（一五七一～一六五三）に和歌・歌道を学んだのはこの間のことであった。それも、父・元好の指示であり、父は、自ら先生の下に息子を連れていって四書五経を習わせるなど、学問と子どもの教育に熱心な人であった。

十三歳で井伊直孝の近侍《きんじ》として仕え、それを機に、父・元好の一字を取って石井源八郎元政《もとまさ》と名付けられた。出家後にもその名を元政《げんせい》と読んで法名《ほうみょう》とした。十九歳の時、江戸の藩邸に勤務中に病を得て京都に戻った。一年間、家で療養に務め、この間にも京の山水《さんすい》を堪能し、詩を作った。

熱心な法華宗《ほっけしゅう》の信徒であった母とともに泉州の妙泉寺（大阪府和泉市和気町）に詣でた時、日蓮聖人の像を拝して、次の三つの願《がん》を発《おこ》した。


一には我《われ》必ず出家せん。

二には父母の寿、長くして我孝心を竭《つく》さん。

三には天台の三大部を閲《けみ》せん。


その後、京都の泉涌寺《せんにゅうじ》雲龍院で行なわれていた周律師《しゅうりっし》による『法華経《ほけきょう》』の講義を門前に下宿して受講した。元政上人は、その時のことを「泉涌寺に遊ぶの記」で、「預り聴く者、彌衆《いよいよおお》し。僧徒、殆《ほとん》ど千人、白衣《びゃくえ》（在家）の男女、庭に満ち」、門を取り囲むほどであったと回想している。講義の最終日に出家を申し出たが、律師から「あなたは若いからまだ晩《おそ》くない」と言われ、彦根藩に仕えたままであった。

## 出家と深草への隠棲

職を辞したのは二十五歳になってからであった。そして、二十六歳にして洛中《らくちゅう》初の法華宗寺院として知られる京都の妙顕寺十四世日豊《にっぽう》上人の弟子となった。ここに、「我必ず出家せん」という第一の誓願が遂げられた。この間にも、しばしば元政上人主催の歌会が行なわれ、松永貞徳も参加していた（その時、貞徳が詠んだ歌は、一三三頁参照）。妙顕寺時代から既に上人の学識の深さは世の知るところとなっていた。

師の日豊上人が武蔵国《むさしのくに》の池上本門寺の貫主《かんず》となって京都を去ったのを機に、明暦元年（一六五五年）、三十三歳の上人は洛南の深草に草庵・称心庵《しょうしんあん》を構えて隠棲した。妙顕寺時代には、妙顕寺に近い一条の前田利政の旧宅を借りて両親を住まわせていたが、深草に移った時は、「親を霞《かすみ》谷《だに》に携へて共に身を蔵《かく》す」（「偶成」）とあるように一緒に住んだ。

上野洋三注『石川丈山・元政』と、川口智康編『深草元政「草山集」を読む』の年譜には、明暦二年（一六五六年）のこととして、「父母を再び深草に近い九条に戻し」としているが、青山霞村氏は、『深草の元政』（平楽寺書店、九八〜一〇二頁）において典拠を示して、深草で一緒に住んだとしている。例えば、建仁寺の通憲長老筆の『元政上人行状』（萩原本の五頁に全文収録）の「竟《つい》に父母をして寺の側《かたわ》らに舎《やど》らせて哺養《ほよう》を竭《つく》す」という一節を挙げている。

初めは文字通りの草庵にすぎなかったが、次第に他の寺から修行のために送られてくる者、自ら入門する者があり、称心庵には常時、十人前後が滞在していたという。称心庵は、「称心の七処」といって七つの部屋からなり、上人の部屋のほかに両親の部屋、門人たちの部屋などがあり、仏典や漢籍の講義、門弟らの詩文の添削、談話、来客の接待など、すべてそこで行なわれていた。「新草堂に遊びて前韻を次ぐ」と題する詩の「林下枯《りんげかれき》を拾ひて二親に奉ず。衡門《こうもん》、竹を編んで較《やや》隣を分かつ」という一節によると、上人の称心庵の隣に竹を編んだだけの垣根で隔てられた質素な家（衡門）を両親のために建てて孝養を尽くしたようだ。

寛文《かんぶん》元年（一六六一年）、上人三十九歳の時には、仏殿が建てられ瑞光寺《ずいこうじ》となった。上人は、京都深草瑞光寺の開山であり、日政《にっせい》と号し、自ら妙子《みょうし》、不可思議《ふかしぎ》、泰堂《たいどう》、霞谷山人《かこくさんじん》とも称した。地名を冠して深草の元政、艸山《そうざん》（草山）和尚《おしょう》とも呼ばれている。道場が寺になった時、父は、既に三年前に亡くなっていて、母の住居として近くに養寿庵を建て、孝養の限りを尽くした。「歳旦」と題する詩に次の一節がある。

霞谷風光別
鶯啼春日長
雖無方便父
猶有般若母
門生六七人

霞谷《かすみだに》、風光別なり
鶯《うぐいす》啼《な》きて春日《しゅんじつ》長し
方便《ほうべん》の父無しと雖《いえど》も
猶《なお》、般若《はんにゃ》の母有り
門生六七人

如足亦如手　　　足の如《ごと》く亦《また》手の如し

『維摩経《ゆいまきょう》』に「智度《ちど》は菩薩の母なり。方便を以《もっ》て父と為《な》す」（拙訳『梵漢和対照・現代語訳 維摩経』、三五二頁）とある。「智（慧）」は、パーリ語パンニャー（paññā）の漢訳で、「般若《はんにゃ》」と音写された。「度」（「渡」の略字）は、パーラミター（pāramitā）の漢訳で、「向こう岸に渡る」「完成」の意味で、「波羅蜜《はらみつ》」と音写された。従って、「般若波羅蜜（完成された智慧）は菩薩の母である。方便を父とする」という意味になる。この言葉に基づいて、自分の父親は既に亡くなっているけれども、母親はまだ存命であると述べ、そのころの霞谷には、門下生が六、七人いて、自らの手足となってくれていたという。

深草は古来、歌にも詠われ、『千載和歌集《せんざいわかしゅう》』に収められた藤原俊成《ふじわらのしゅんぜい》（一一一四〜一二〇四）の次の歌がよく知られている。

夕されば野辺《のべ》の秋風身にしみて鶉《うずら》鳴くなり深草の里

これは、『伊勢物語』一二三段の話に基づいた歌である。秋が来て、秋風が身に染みるようになったころ、深草に住む女にも飽きが来て、男が「私が出て行けば、ここは深草の地名の通り、ますます草深い野原となってしまうだろう」と冷たく言い放った。捨てられそうになった女は、その場で、

元政上人が開山した瑞光寺の春景

野とならば鶉となりて鳴き居らん狩にだにやは君は来ざらん

と詠んだ。「狩に」は「仮に」との掛詞《かけことば》であろう。男は、その歌に感動し、女のもとから去りゆくのを止《や》めたという。

鶉は古来、見捨てられた草深いところに棲む鳥とされている。深草は、静かで寂しいところだが、元政上人自身が、「政《せい》が居《きょ》は、城南の深草宝塔寺の下《もと》に在り。渓水《けいすい》前に流れ、松間《しょうかん》路《みち》細し」（「陳元贇《ちんげんぴん》に覆する書」）と記しているように、松の古木や脩竹《しゅうちく》が細い道を囲み、谷川の水が流れるところでもあり、上人にとって隠棲するにはもってこいの地であった。その思いを次の詩に詠んだ。

同諸弟分韻得自字　諸弟《しょてい》と同《おな》じく韻《いん》を分《わか》ちて自《じ》の字《じ》を得《え》たり
結廬在幽谷　廬《ろ》を結《むす》びて幽谷《ゆうこく》に在《あ》り
人呼瑞光寺　人《ひと》は瑞光寺《ずいこうじ》と呼《よ》ぶ
水清艸木肥　水《みず》清《きよ》くして艸木《そうもく》肥《こ》えたり
天賚予勝地　天《てん》、予《よ》に勝地《しょうち》を賚《たま》う
深丘棲猿鳥　深丘《しんきゅう》、猿鳥《さるとり》を棲《す》ましめ
空林絶魑魅　空林《くうりん》、魑魅《ちみ》を絶《ぜつ》す

〔中略〕
幸抱烟霞疾
安然逃世事
衲衣雖侶僧
而無檀越累
会有剝啄声
晨門曰奚自

〔中略〕
幸《さいわ》いに烟霞《えんか》の疾《しつ》を抱《いだ》きて
安然《あんねん》として世事《せじ》を逃《のが》る
衲衣《のうえ》にして、僧《そう》に侶《りょ》すと雖《いえど》も
而《しか》も檀越《だんのつ》の累《わずら》い無《な》し
会《たまた》ま剝啄《はくたく》の声《こえ》有《あ》り
晨門《しんもん》の曰《いわ》く、奚《いず》れ自《よ》りぞ

草庵を建てて人里離れた静かな谷に住んでいる。人は、それを瑞光寺と呼んでいる。水が清らかで、草や木はよく生育している。天は、私に景勝の地を与えてくださった。人目を離れた丘は猿や鳥を棲息《せいそく》させ、人けのない寂しい林は山の中の化けものである魑魅《ちみ》でさえも途絶えさせている。

幸いなことに、私は自然の風景を愛し旅を好む習性（烟霞の疾）を持っていて、泰然として俗世間のことから逃れている。袈裟《けさ》を着て、出家して仏門に入っているといっても、檀家との煩わしい関わり合いもない。たまに来訪者が門戸をたたく音がして、門番が「どちらからおいでてでしょうか？」と尋ねるくらいである――。

元政上人は、病の時を除いて日々、この称心庵で自ら経《きょう》を読誦《どくじゅ》し、禅定《ぜんじょう》に専念し、門下に漢籍を論じ、仏典を講じ、さらには門外の人にも詩歌の添削を行なった。「智慧粥《がゆ》の詩を和す」の序によると、『法華経』全部の講義を終えた日には、母親がそれを祝して〝智慧粥〟と称して赤豆（小豆《あずき》）粥を小僧たちに振る舞うのが常であったという。病の時は、詩を吟じて憂さを晴らした。それによって、詩文集『称心病課《しょうしんびょうか》』がまとまった。

秋の夜長には、詩の談話会も催された。「称心庵に集まる詩」の序によると、八月十八日の御霊祭の日には、

吾《わ》が母、毎歳是《まいとしこ》の日に於《お》いて、社中の衆《しゅ》を延《ひ》き、飯《はん》を設け茶を具《そな》ふ。乃《すなわ》ち以《もっ》て我を祝すとなり。癸卯《みずのとう》の秋、母齢《よわい》八十三、例に随《したが》ひて称心庵に集まる。母、咲《えみ》を含みて忻然《きんぜん》たり。飯《はん》後茶談《ごちゃだん》、流れて詩文に入る。因縁譬喩《いんねんひゆ》、溢《み》ちて剣術に至る。喜懼《きぐ》、相弁《あいなら》ぶと雖《いえど》も亦《また》、歓娯の余なり。詩を以て懐《おもい》を述ぶと云《い》ふ。

上人の母が自ら料理して食事とお茶を振る舞った。その後は、おのずと詩文や、因縁・譬喩の話となり、剣術にまでも話題が広がった。悲喜こもごもとはいえ、喜びと楽しさにあふれ、それぞれの感懐を詩によって述べ合ったという。和気あいあいとした会であったことが伝わってくる。

上人は、称心庵でこのような日々を送った。その草庵は霞谷《かすみだに》の北端に位置していて、南端に谷口《たにぐち》（現、京都市伏見区深草谷口町）があり、その間に瓦を焼く集落があった。上人はその烟《けむり》を見ながら谷口へと散策を楽しんだ。特に春の谷口を愛した。深草の氏神を祀った藤の森の祭りに母を伴って行ったこともあった。上人は「霞谷十二景」――今風に言えば「霞谷絶景十二選」と

して、

①南峰暁色（南の峰の明け方の色）
②稲山凝翠（稲荷山《いなりやま》の緑）
③霞岡遠眺（霞岡の遠景）
④谷口春遊（霞谷の入口あたりで楽しむ野外の春）
⑤小橋流水（霞谷の小さな橋の辺りの水の流れ）
⑥澗底夜月（霞谷の底で見る月）
⑦草野虫声（叢《くさむら》にすだく虫の音《ね》）
⑧寺門夕照（寺の門に映える夕焼け）
⑨陶家曙烟（明け方に瓦《かわら》を焼く家からたなびく煙）
⑩西嶺雪舞（西の山の頂に舞い降る雪）
⑪鶴林暮鐘（夕暮れ時のお寺の鐘の音）
⑫藤社蒼松（深草の氏神・藤森社の青々とした松）

を選び、板書して庵室に掲げて四季折々、朝夕夜のそれぞれの時間帯に、東西南北の方角に応じて絶景を堪能していた。

深草は、京都の中心まで一里ほどで、書といえば分野を限らず購入して読破していた上人にとって、中国で出版された新刊を購入するにも、若い僧たちが托鉢《たくはつ》に出るにも適切な地であった。また、八十代、七十代という高齢の両親に孝養を尽くすにも、山奥と違い、深草は適していた。

明治四十二年に『深草の元政』を著わした青山霞村氏は、深草生まれの深草育ちだと言われるだけあって、その地の利を次のように具体的に論じていて説得力がある。

> 京都を通過《とおりす》ぎて北山《きたやま》一帯の地に遊ぶも嵯峨《さが》高尾に行くも四五里《しごり》、花の寺吉峯《よしみね》長岡柳谷等の西山《にしやま》の勝地に到るも三四里《さんよんり》、東の方山科《かたやましな》醍醐は僅《わず》か一里、巽《たつみ》の方《かた》宇治へも二里余の途《みち》で、洛中洛外の名勝は往還一日でこれを訪《とぶら》ふことが出来る至便の地位にある。そればかりか或《ある》は岩間に詣《もう》で或は石山に到るも、漣《さざなみ》の大津の里を訪ふて三井寺《みいでら》唐崎の諸勝を探るもなほ往還一日の程に過ぎない。

## 名勝・旧跡の探訪

上人は、こうした名勝や旧跡を機会あるごとに訪ね、『北峰病課』『温泉遊草』などとして詩や文章を残した。その中から、寛文三年（一六六三年）の春、病の養生のために五十日ほど滞在した洛北の鷹峰《たかがみね》で記した文章を見てみよう。

> 汝《なんじ》、彼《か》の山と雲とを見るや。山に遠近あり。淡粧《たんしょう》・濃抹《のうまつ》、其《そ》の幾千状といふことを知らず。雲に変化あり。聚散《しゅうさん》・来往《らいおう》、其の幾千状といふことを知らず。雨を催し来《きた》って山を覆ふと

きは、則《すなわ》ち其《そ》の遠近・淡濃《たんのう》、瞬目《しゅんもく》の間に変じて、波濤《はとう》と作《な》り、瀉《そそ》いで澎湃《ほうはい》と作り、草は藻《そう》荇《こう》となり、島は魚鼈《ぎょべつ》と作り、其《そ》の木は鯨鯢《げいげい》・龍蛇《りゅうだ》と作る。時に雷雨を得て震動怒号す。須《しゅ》臾《ゆ》にして散じて而《しか》して幕《まく》となり、帯と作り、綿《わた》となり、縷《いと》と作る。而《しか》して山は螺髪《らほつ》を露《あら》はし、翠黛《すいたい》を画《えが》き、容色《ようしょく》を設《もう》く。

山々には遠近があって、うっすらとした色から濃い色まで微妙な変化があり、そのありさまが幾千あるのか知ることができない。雲も絶えず変化していて、集合しては離散し、来たかと思えば去ってしまう。その様子は幾千と数えきれない。雨の兆しをもたらして山を覆う時は、雲の遠近と淡濃は瞬く間に変化して、大きな波となって流れ出し、激しく逆巻き、草は水草となり、島は魚や亀となり、木は鯨や巨大魚、龍や蛇となる。時々、雷雨となって大地を震わせ、大きな音を鳴り響かせる。そうかと思えば、わずかの間に散り散りになって、幕になり、帯になり、綿となり、細い糸になる。そして山は、仏像の頭の巻き貝のように丸まった髪（螺髪《らほつ》）の様相を現し、かすんだ山の端《は》が緑の黛《まゆずみ》を引いたようになって、美しい姿を整える——。

これは、本阿弥光悦《ほんあみこうえつ》（一五五八～一六三七）ゆかりの光悦寺からの眺望だが、山と雲の変幻自在な姿をスピード感あふれる文章で見事にスケッチしている。だからと言って、自然描写で終わっているのではない。青山氏が「是等《これら》の文章は景を叙《じょ》し事を記すると共に、所謂《いわゆる》中道の教《おしえ》を示して仏事《ぶつじ》となしたものが多い」と指摘している。「中道」とは、仏教の認識と実践の基本的な在り方で、善・悪、有・無、苦・楽などの対立する両極端の立場を離れ、両極端のいずれにも偏らない中正な立場を貫くことである。元政上人は、光悦寺からの眺望にその中道の在り方を読み取り、「重ねて鷹峰に遊ぶの記　二」に次のような言葉を記している。

此居《このきょ》や高きに非《あら》ず。卑《ひく》きに非ず。撰《えら》ぶ可《べ》きなく、厭《いと》ふべき無《な》し。中道第一義の居也《なり》。因《よっ》て思ふ。人の道を行ずるも亦《ま》た此《かく》の如《ごと》し。太《はなは》だ高きとは則《すなわ》ち俗に違《い》す。太だ卑きとは則ち俗に混《こん》ず。其《そ》の中《ちゅう》を得る者、上求下化《じょうぐげけ》殆《ほとん》ど庶幾《ちか》き乎《か》。

この場所は、高くもなく、低くもない。選び取るべきものもなく、嫌悪するべきものもない。両極端を離れた中道という最高の真理を表した場所である。人が仏道を修行するのも同じことである。はなはだしく高きに留まっていれば、世俗とかけ離れてしまうし、はなはだしく低きにあれば、世俗の汚れに染まってしまう。両者の中道の在り方を得る人こそが、「上求菩提《じょうぐぼだい》・下化衆生《げけしゅじょう》」――すなわち、上には覚りを求めて自らの人格を磨き、それに基づいて下には人々のために尽くすという菩薩の誓願の近くにあるのだ――。

上人にとっての名勝・旧跡探訪は、単なる物見遊山《ものみゆさん》ではなかったのである。後に詳述するように「吟詠《ぎんえい》も亦《ま》た慧《え》の一事」であって、戒《かい》・定《じょう》・慧《え》の三学《さんがく》からなる仏道修行の一環であったのだ。

この鷹峰は、荒れ放題となっていたが、本阿弥光悦が徳川家康に頼んで住居を定め、太虚庵《たいきょあん》と号した。家業の刀剣鑑定のほか、研師《とぎし》、書道、茶道、香道、絵画、陶芸の七道のそれぞれに精通した芸術家を擁した〝芸術村〟を興した。一六三七年に光悦が没すると、この地に葬られ、精《しょう》舎《じゃ》が作られた。明暦年間（一六五五〜五八）に由信、春継の二人の沙門《しゃもん》が太虚庵の脇に常題目堂を建てて唱題《しょうだい》した。光悦の曾孫・光伝が仏殿を建て、十二人の僧に交代で読経唱題をさせたという。

本阿弥家は、光悦の祖父以来、熱烈な法華宗の外護《げご》者で、〝芸術村〟では二十四時間、お題目を唱える声が絶えることはなかったという。元政上人は、『太虚庵記』にその様子を次のように記している（萩原本の二七一頁参照）。

二六時中《にろくじちゅう》唱題の声、綿々として断たず。又《また》、早晩午時《そうばんごじ》、社中咸《ことごと》く集って、共に読誦《どくじゅ》の行《ぎょう》を作《な》す。正助相藉《あいか》って懈怠《けたい》有ること無《な》し。嗟乎《ああ》二子（由信と春継）は、其《そ》れ常唱題《じょうしょうだい》の濫觴《らんしょう》か。夫《そ》れ末法《まっぽう》の要路、唱題の一門に過ぎたるは莫《な》し。所謂《いわゆる》、本化《ほんげ》の薩埵《さった》、直ちに霊山《りょうぜん》に於《おい》て親《まのあた》り此《こ》の法を承《う》く。乃《すなわ》ち衆生の大本《おおもと》、諸仏の達道也《たつどうなり》。其《そ》れ円融《えんゆう》と曰《い》い、中道《ちゅうどう》と曰い、真如《しんにょ》と曰い、実相《じっそう》と曰い、一相無相《いっそうむそう》と曰う。皆、此の法を詮《せん》するの詞《ことば》のみ。其の所詮《しょせん》の如《ごと》きは、是《こ》れ妙法蓮華。

『法華経』において地涌の菩薩が付属された諸仏の覚《さと》りは、「円融」「中道」「真如」「実相」「一相無相」といろいろな表現がなされるが、その究極の法は「妙法蓮華経」である。釈尊滅後二千年を過ぎた末法の世には、南無妙法蓮華経という題目を唱えることが要《かなめ》の修行である。朝・夕・正午に全員が集まって読経し、唱題の声が一日中、絶えることのなかったこの地に、上人はしばしば滞在していた。

## 「戒・定・慧の三学」の重視

深草に移ったその直後、上人は『艸山要路《そうざんようろ》』（萩原本の一七～一九頁に収録）を著した。それは、「戒《かい》・定《じょう》・慧《え》の三学《さんがく》」を重視して、信仰者の在り方、学問と仏道を志す者の指針を次の十箇条にまとめたものであった。項目と簡単な説明を挙げると、

①起《き》信《しん》（信を起こすこと）
②決《けつ》疑《ぎ》（疑念の正邪を判断・裁決すること）
③持《じ》戒《かい》（戒律を持《たも》つこと）
④衣《え》食《じき》（衣食について足るを知ること）
⑤住処《じゅうしょ》（適切な住居を求めること）
⑥知《ち》識《しき》（善知識《ぜんちしき》、すなわち仏法の道理を正しく教え導いてくれる善き友を求めること）
⑦誦《ず》経《きょう》（経を読誦《どくじゅ》すること）
⑧止《し》静《じょう》（心をとどめて静かに思惟《しい》すること）
⑨志《し》学《がく》（学問に励むこと）
⑩指《し》帰《き》（結論として従うべきこと）

これは、〝法華律《ほっけりつ》〟の提唱であり、自らそれを厳格に実践した。『艸山集』所収の『元政上人行状』には、「人、絹衣を与ふる者有れば、綿子《わたこ》に換へて徒衆《としゅう》に施す」とある。贅沢《ぜいたく》な絹の衣を身に着けることはなかった。絹の衣をもらっても、綿入れと交換しては、弟子たちに施していた。自分は、薄い麻の衣を身にまとい、乾《ほ》した野菜や豆腐などの質素なものを食して、厳しい戒律を自らに課して生活を送った。

母を伴って身延山に詣でた後、江戸の姉を訪ねた時も、第三代藩主・井伊直澄が甥《おい》として、叔《お》父《じ》の元政と祖母を江戸藩邸に滞在させようとしたが、元政だけは、王公大人《おうこうたいじん》との接触は出家者にとって修行の妨げになるものだとして、頑《がん》として受け付けなかった。それで、九月五日の夜から二十一日までの十七日間、母と元政は江戸では別々に過ごすことになった。それほどに自らに厳格であった。

元政上人は、『艸山集』巻十の「仏事」と題する小論集の冒頭で「戒・定・慧、三と雖《いえど》も而《しか》も一、一と雖も而も三。戒は即《すなわ》ち定・慧なり。定は即ち慧・戒なり。慧は即ち戒・定なり。三学円《えん》備《び》して体用《たいゆう》別無し。然《しか》も別無しと雖も互いに体用と為《な》る」と記し、巻十一の「人に示す」と題する小論でも「戒《かい》を以《もっ》て意《い》を制し、定《じょう》を以て思《し》を静め、慧《え》を以て理を明らかにす。僧は必ず之《これ》を勤《つと》む。在家は之に次ぐ。〔中略〕斯《こ》の三つに於《お》いて其《そ》の一つを去らば、則《すなわ》ち我、恐らくは未《いま》だ一事《いちじ》の使いと為《な》るに足《た》らざらんことを」と述べている。

「戒・定・慧の三学」とは、仏道を修行する者が必ず修めるべき基本的な修行項目である。①「戒学」は戒律を護持《ごじ》して悪をなさず、善を修して心を制すること、②「定学」は精神を集中して心を散乱させない禅定《ぜんじょう》を修めること、③「慧学」は智慧を修め、煩悩《ぼんのう》の惑を破って、ものごとの真実の姿を明らかに見極めること——であり、これは原始仏教以来ずっと重視されてきたものである。仏教史のなかでは、三つのうちのどれか一つに偏ってしまうこともあったが、本来その三つは、どの一つをとっても他の二つと連動していて、すべてがそろって初めて意味を持つのであり、どれ一つとして等閑《なおざり》にできるものではない。

四十五歳の時、元政上人は、当時の仏教界のありさまを嘆いた次の詩を残している。これは、「拾得《じっとく》の韻《いん》を次ぐ」と題する詩五十八首のうちの第三首目に置かれている。「韻を次ぐ」とは、短歌で言えば「本歌取り」に相当するもので、漢詩の韻を踏んだ文字（韻字）を同じ順序で用いて全く別の詩を詠むことである。その例として、拾得《じっとく》（第二章で詳述）のもとの詩と元政上人の詩を比較できるように、韻字を太字にして並べて引用することにする。

まず、拾得の詩は次の通り。

出家要清閑
清閑即為**貴**
如何塵外人
却入塵埃**裏**
一向迷本心
終朝役名**利**

出家《しゅっけ》は清閑《せいかん》を要《よう》す
清閑、即《すなわ》ち貴《き》と為《な》す
如何《いかん》ぞ塵外《じんがい》の人《ひと》
却《かえ》りて塵埃《じんあい》の裏《うち》に入り
一向《いっこう》、本心《ほんしん》に迷《まよ》う
終朝《しゅうちょう》、名利《みょうり》に役《えき》せられ

名利得到身
形容已顦顇

名利、身《み》に到《いた》ることを得《う》れば
形容《けいよう》、已《すで》に顦顇《しょうすい》す

出家は、清く静かで俗事にわずらわされないことが重要であり、それが貴いことなのだ。どうして、俗塵を離れた人が、かえって汚れた俗世間の中に入って、ひたすら本心を失ってしまうのか。夜明けから名誉と利益にこき使われ、それが身に及ぶようになると、不安や心配事で容貌がやつれてしまうのだ——。

この拾得の詩の偶数行の末尾の文字「貴」「裏」「利」「顇」をこの順番で生かして、すなわち韻を次いで、元政上人は次の詩を作った。

我見出家人
種姓必不**貴**
一著袈裟衣
尽在錦襴**裏**
不修清浄行
労々常求**利**
求利何所得
歯落顔顦**顇**

我《われ》、出家《しゅっけ》の人《ひと》を見《み》るに
種姓《しゅせい》、必《かなら》ずしも貴《とうと》からず
一《ひと》たび袈裟衣《けさえ》を著《ちゃく》して
尽《ことごと》く錦襴《きんらん》の裏《うち》に在《あ》りて
清浄《しょうじょう》の行《ぎょう》を修《しゅ》せず
労々《ろうろう》として常《つね》に利《り》を求《もと》む
利《り》を求《もと》めて何《なん》の得《う》る所《ところ》ぞ
歯《は》落《お》ちて顔顦顇《かんばせしょうすい》す

私が、出家と言われる人を見ても、その人の本性（人格）は必ずしも貴いとは思えない。一たびは袈裟の衣を着て出家の身とはなったといっても、錦《にしき》の衣を着た贅沢《ぜいたく》な生活にどっぷりとつかってしまって、煩悩にとらわれない清らかな行ないを修することがない。あくせくとして常に名利《みょうり》を求めようと苦労している。しかし名利は、しょせん自己とはかけ離れたものであり、それを求めても自己を豊かにするものでもなく、何を獲得することになるのであろうか。自己の外側を飾り立てても、歯は抜け落ち、顔はやつれきってしまっては何の意味があるのだろうか――。

袈裟は、サンスクリット語のカシャーヤ（kaṣāya）を音写したもので、「薄汚れた色」を意味する。死体を放置する林に行って、死体をくるんでいた布の破片を拾い集めて縫い合わせて作った衣のことだ。虎やライオン、ジャッカルなどに食いちぎられ、血や膿《うみ》などに染まり、雨ざらしになっていた布なので、薄汚れた色をしていた。インドでは最下層の旃陀羅《せんだら》（caṇḍāla の音写＝不可触民）が着ていたものである。出家して袈裟を着ることは、社会の最下層の人と同じ立場に立つことを意味していた。「金襴緞子《きんらんどんす》の袈裟」という言葉があるが、それは「円い三角形」のように形容矛盾である。それにもかかわらず、「錦襴」を着て名聞《みょうもん》・名利《みょうり》を求めてばかりいる出家者がいる。上人は、それを批判しているのだ。

次は、同じく「拾得《じっとく》の韻《いん》を次ぐ」と題する詩の第三十七首目の詩である。

今代無為学

今代《きんだい》、無為《むい》の学《がく》

執情長恚痴
学成何所用
射利日奔馳
販法共論価
教人自失儀
得財飽酒肉
全似戯場児

情《じょう》に執《しゅう》して恚痴《いち》を長《ちょう》ず
学成《がくな》りて何《なん》の用《もち》いる所《ところ》ぞ
利《り》を射《い》んと日に奔馳《ほんち》す
法《ほう》を販《ひさ》いで共《とも》に価《あたい》を論《ろん》じ
人《ひと》に教《おし》えて自《みずか》ら儀《ぎ》を失《しっ》す
財《ざい》を得《え》て酒肉《しゅにく》に飽《あ》く
全《まった》く戯場《ぎじょう》の児《じ》に似《に》たり

今の世は、無為であるべき仏法について学んでいると言っても、煩悩の心に執着しているので憎悪（瞋恚《しんに》）や愚かさ（愚痴《ぐち》）を増大させてばかりいる。そのようにして学問を成し遂げたとしても、何の役に立つのだろうか。名声と利得（名利《みょうり》）を得ようと日々奔走し、仏法を売り物にして、ともどもに論じて、それが幾らになるか金勘定《かねかんじょう》ばかりしている。他人には立派そうなことを説き聞かせておきながら、自分自身は人としての振る舞いから逸脱してしまっている。財産を得ては、飽きるほど酒池肉林《しゅちにくりん》に溺《おぼ》れる。こんなことでは、全く芝居小屋の役者と変わりないではないか――。

元政上人が戒律重視を訴えた背景には、このような嘆かわしい情況を日ごろから目にすることがあったことも挙げられるであろう。

「人に教えて自ら儀を失す」の「儀」について、上野洋三氏（一九四三〜）は、『石川丈山・元政』（二九六頁）で「儀は義に同じ。正しいこと」とされているが、筆者は、ここでは「立派な行ない」という意味の「儀」であって、「義」に読み替える必要はないと思い「人としての振る舞い」と解釈した。

## 広範な読書

元政上人の手短な伝記は、近江八幡《おうみはちまん》出身の商人で歌人の伴蒿蹊《ばんこうけい》（一七三三〜一八〇六）がまとめた『近世畸人伝《きんせいきじんでん》』（一七九〇年）と、執筆半ばで亡くなった画家の三熊花顚《みくまかてん》（一七三〇〜九四）の未完の原稿に伴蒿蹊が加筆した『続近世畸人伝』（一七九八年）に収録されている。ただし、それは『艸山集《そうざんしゅう》』所収の『元政上人行状』の難解な表現を仮名混じりにして読みやすく書き直した程度のものであった。

『艸山集』は、上人の第七回忌（一六七四年）に出版された遺稿集で、『元政上人行状』は『艸山集』の巻頭に付された「行状」（死者の事績について記した文章）である。これは、元政の後継者である慧明《えみょう》（一六四二〜一七一七）の懇請を受けて、上人と親しく交流していた臨済宗《りんざいしゅう》の僧・通憲が、上人が他界した翌年（一六六九年）に書いていたものである。

それによると、上人の読書の能力と熱意は、幼少のころから卓越していたようだ。二歳にして京都・東山《ひがしやま》の送り火を見た後、帰宅して「大」の字を書いてみせたとか、六歳の時、初めて書を読んで、一回習っただけでそれを暗誦できたと記している。六歳の時の記述が詳細を極めている。一日、父に従って建仁寺に詣でた。そこで九巌《くがん》長老に会った。長老が「あなたは書を読むと聞いているが、今は何の書を習っているのかな」と尋ねた。元政は、「『大学』です」と答えた。長老は、その子に教えようと『大学』の中の二行を口授した。元政は、習うとすぐに暗記して諳《そら》んじた。長老は、〔子どもの頭を〕撫《な》でて、歓喜して言った。「誰か知らん。今、寧馨児《ねいけいじ》（天才児）有ることを」と。このように、儒学の基本経典とされる四書の中の『大学』を六歳で学んでいた。

この記述が他の個所に比べて詳しいのは、九巌長老が、建仁寺の大統院を創建した三百世で、『元政上人行状』を書いた通憲が、建仁寺三百七世の大統院長老であったことにもよるのであろう。通憲は、この行状をどのようにまとめたのかを末尾に次のように記している。

惟《おもんみ》るに夫《そ》れ政公《せいこう》の道行《どうぎょう》、敢《あ》えて筆舌の罄《つ》くす可《べ》きに非ず。矧《いわ》んや又《また》、予《よ》に文無きをや。其《そ》の請止《や》まず。仍《よっ》て平昔《へいせき》の聞く所を諸遺文に質《ただ》して、次《ついで》を叙《じょ》して其の梗概《こうがい》を録するのみ。

と記していて、日ごろ以前から（平昔）聞いていたことを、上人の遺文で確認しながら順序立てて大筋をまとめたという。九巌長老と六歳の元政とのやり取りは、建仁寺で常日ごろから語り草になっていたようだ。上人が六歳の時の記述が、特に詳しいのはそのためであろう。

十三歳で藩主・井伊直孝に仕えて後も、「昼弁《ひるはし》り、夜閑《ひま》を偸《ぬす》んで」とあるように、暇を見つけては読書し、手にした典籍はことごとく読破した。その「精力は人に過ぎ絶したり」といった読書家であった。「幼令にして親の舎《いえ》に在りし日、常に法華《ほっけ》を誦《じゅ》す」とも記されている。親の家を出たのが八歳というから、それ以下の年齢の時から『法華経』を読誦《どくじゅ》していたということになる。

青山霞村著『深草の元政』によると、

元政は幼時九条村で父母の膝下《しっか》に居られた時、近所の東寺《とうじ》門前の法華寺へ行って早くも法華経を誦《じゅ》し習はれたのである。

それは、「法華精舎《しょうじゃ》に遊ぶ詩」と題する詩の次の一節からもうかがえよう。

東寺門前古梵宮
当初高祖寓高蹤
因思我昔少年日
窃読法華逢善龍

東寺門前《とうじもんぜん》の古梵宮《こぼんぐう》
当初《とうしょ》に高祖《こうそ》、高蹤《こうしょう》を寓《ぐう》す
因《よ》りて思《おも》う、我昔《われむかし》、少年《しょうねん》の日《ひ》
窃《ひそ》かに法華《ほっけ》を読《よ》みて善龍《ぜんりゅう》に逢《あ》いしことを

京都の東寺《とうじ》（教王護国寺《きょうおうごこくじ》）の北門の北に法華寺という古い寺があった（現在は、新幹線敷設のために下京区に移転）。昔、日蓮聖人が比叡山《ひえいざん》での修学を終え、故郷の千葉に戻る前に真言密教（東密《とうみつ》）を調べるために立ち寄られたところである。元政上人も少年の頃、この寺で善龍院の日念上人に会って『法華経』を習ったことがあった。そのころ、日念上人は七十歳ほどであって、それから二十年余がたってしまった。そこを訪ねてみると、そこに住んでいたのは、上人の知る昔の人ではなかった。そこで、少年時代に『法華経』を学んだことなど思い出してこの詩を作り、悲しい思いを抱いてそこを立ち去った——。

出家した後の読書についても、『元政上人行状』に次のように記されている。

交々《こもごも》、三学《さんがく》を修《しゅ》して帯せず離せず。宗門の中、作業《さごう》を廃し、教相《きょうそう》に著《じゃく》する者の有れば、常に此《こ》の弊《へい》を歎《たん》ず。生平《せいへい》、耳目《じもく》の触る所、長く記して忘れず。是《こ》の故に内外《ないげ》の二典に渉猟《しょうりょう》し兼ねて能《よ》く日本書紀に通ず。実に般若《はんにゃ》の種智《しゅち》を薫習《くんじゅう》するの深きにあらずんば、焉《いずくん》ぞ能《よ》く此《かく》の如くならん。

戒《かい》・定《じょう》・慧《え》の三学は、それぞれが分断されたものではなく、戒をまもり生活を正すことによって〔禅《ぜん》〕定《じょう》を助け、禅定によって心の散乱を防いで〔智《ち》〕慧《え》を発《おこ》し、その智慧によって、ものごとをありのままに正しく観察《かんさつ》し、それによって真理を覚り、仏道（仏の覚り）が完成される。このような戒・定・慧の三学を、上人は相互に連関して修めて、それに留まることもなく、離れることもなかった。

また、宗門内に、覚りのための修行をなすこと（作業《さごう》）を軽んじて、教義の組織的・理論的解釈（教相《きょうそう》）にのみとらわれている者があって、上人は常にその弊害を嘆いていた。

上人は、日ごろから耳にし、目にしたことを長い間、記憶して忘れることがない。そして、仏教だけでなく、仏教以外の書物も読みあさり、『日本書紀』にも通じていた。あらゆるものごとについて、個々のありのままの真理を知る智慧が、深く身にしみているのでなければ、このように多岐にわたる書を読破することはできない――と通憲は記している。

上人が十九歳にして、自ら発《おこ》した三つの願の第三に「天台の三大部を閲《けみ》せん」とあった。天台三大部とは、中国の天台大師智顗《ちぎ》（五三八～五九七）による講義を筆録した『摩訶止観《まかしかん》』『法華文句《ほっけもんぐ》』『法華玄義《ほっけげんぎ》』の三つである。天台三大部の閲読については、『元政上人行状』に次のように記されている。

政《せい》二十六歳、自《みずか》ら祝髪《しゅくはつ》して出家す。妙顕寺の日豊《にっぽう》上人に従ひて師資道契《ししどうけい》す。幼令にして親の舎《いえ》に在《あ》りし日、常に法華を誦《じゅ》す。果して三大部を閲《けみ》す。解会《げえ》せざることある毎《ごと》に、僧俗《そうぞく》長幼《ちょうよう》を嫌はず之《これ》を研究す。夢に天台大師と議論すること数回。

理解できないことがあれば、僧俗を問わず、老若《ろうにゃく》を問わず納得するまで質問し続け、夢の中で天台大師と議論するほど、徹底して読み込んだ。

その読書の範囲は、元政上人の紀行文『身延道の記《みのぶみちのき》』を見ただけでも、『荘子《そうし》』養生主篇《ようせいしゅへん》、盗跖篇《とうせきへん》、鴨長明《かものちょうめい》の『方丈記《ほうじょうき》』、明《みん》の歴史『皇明通紀《こうみんつうき》』、菅原孝標《すがわらたかすえ》の女《むすめ》の『更級日記《さらしなにっき》』、西行《さいぎょう》の『発心記《ほっしんき》』、藤原為家《ふじわらためいえ》の側室・阿仏尼《あぶつに》の『十六夜日記《いざよいにっき》』、孔子《こうし》の『論語』子罕篇《しかんへん》、里仁篇《りじんへん》、『伊勢物語』（作者不詳）、中国南朝梁《りょう》代の慧皎《えこう》が撰した『梁高僧伝』、曾子《そうし》の門人が孔子の言動を記したという『孝経』、虎関師錬《こかんしれん》の『元亨釈書《げんこうしゃくしょ》』、北宋の賛寧《さんねい》による『宋高僧伝』、司馬遷の『史記列伝』、前漢から北宋初期までの奇談を集めた『太平広記』などの名前を拾い出すことができる。ほかにも、『源氏物語』『徒然草《つれづれぐさ》』『栂尾明恵《とがのおみょうえ》上人伝』の名前が見られる。

また、先に挙げた天台大師の三大部の一つである『摩訶止観』に対する妙楽《みょうらく》大師湛然《たんねん》（七一一〜七八二）による注釈書『摩訶止観輔行伝弘決《まかしかんぶぎょうでんぐけつ》』の名前も見られる。それを読んでいたということは、三大部の残り二つ『法華文句《ほっけもんぐ》』『法華玄義《ほっけげんぎ》』の妙楽大師による注釈書『法華文句記《ほっけもんぐき》』『法《ほっ》華玄義釈籤《けげんぎしゃくせん》』も読んでいたはずである。

天台大師御影（作者不詳、隆盛寺蔵）

これらが、氷山の一角であることは、上人が友人に出した手紙（「石斎に復する書」）や詩（「偶成」）に、それぞれ、

書を嗜《たしな》むの念、未《いま》だ灰《かい》せず。奇書に遇《あ》ふ毎《ごと》に、炎々《えんえん》として起こる。想ふに是《こ》れ宿習《しゅくじゅう》の致す所なり。〔中略〕二十年来、年々、書を求めて今已《すで》に棟《むね》に充《み》つ。亦《また》楽しからずや。

満架の群書、未だ多きを厭《いと》はず。

と記していることから推測されよう。読書家の悩みは、本の保管場所だが、元政上人も同じであったようだ。深草に上人の墓を訪ねた作家の中村真一郎氏（一九一八〜九七）は、庫裏《くり》の裏側に土蔵が建っていて、応対した老婦が「これは書物倉で、上人のお集めになった本がぎっしりつまっております」と説明したそうで、三百年経ってもそのまま蔵せられていることに無限の感慨をそそられたと一九六六年に発表された小説『雲のゆき来』（毎日出版文化賞受賞）に記している。但し、青山氏によると、「草山の書庫の目ぼしい漢籍はいつの間にか散逸し、〔中略〕有名な袁《えん》中郎《ちゅうろう》全集も今誰の手にあるか知れない」という。

上人の読書の幅広さは、『艸山要路《そうざんようろ》』の「志学第九」（萩原本、一九頁）において、志をもって学ぶことの大切さを強調した文章からも知ることができる。

志は学の師なり。学は志の立たざるを患《うれ》ふ。何をか学と曰《い》ふ。三蔵《さんぞう》・十二部・百家・異道の書を知り、他方殊俗《たほうしゅぞく》の言に通じ、能《よ》く文章を以《もっ》て其《そ》の法を祖述するを謂《い》ふなり。或人曰《あるひといわ》く、我が法、何ぞ文章を事《じ》とせん、と。殊《こと》に知らず、仏教最も文章を貴《たっと》ぶことを。故に華厳《けごん》に曰く、雅思淵才《がしえんさい》文中の王。涅槃《ねはん》に曰く、其《そ》の威儀礼節を知ることを示現《じげん》し、能《よ》く一切の文章・技芸を解《げ》すと。嗚呼《ああ》、識《しき》、浅きも尚《なお》、跂《つまだ》つべし。性《しょう》、敏《びん》なるは、尤《もっと》も之《これ》を勗《つと》めよや。

学びの対象は、経《きょう》（釈尊によって説かれた教え）・律《りつ》（集団生活を営む上での出家者の生活規律）・論《ろん》（教義や教理についての解説）からなる三蔵《さんぞう》や、ブッダの教えを内容や形式によって分類した十二部経などの仏教に限らず、仏教以外の書物、あらゆる思想、異国の習俗や言語にまで及び、さらに学ぶだけではなく文章によって表現することも重視されている。ここに、元政上人か、歌人や芸術家など、宗派を超えて幅広い人々と交流していたことの背景が読み取れよう。それは、日蓮《にちれん》聖人の

貞観政要《じょうがんせいよう》・八宗《はっしゅう》の相伝等がなくしては消息《しょうそく》もかかれ候《そうらわ》ず。

（『佐渡御書』）

此《こ》の大法を弘通《ぐつう》せしむるの法には、必ず一代の聖教《しょうぎょう》を安置《あんち》し、八宗の章疏《しょうじょ》を習学すべし。

（『曾谷入道殿許御書《そやにゅうどうどのもとごしょ》』）

という言葉のように、幅広く仏教以外の書物や、他宗の書物を習学することも仏法理解を深める

ためには欠かすことができないと記していたことに通じるものである。

『貞観政要』は、唐の太宗《たいそう》の政治に関する言行を記録した書で、古来帝王学の教科書とされてきた。「貞観」は太宗の在位（六二七〜六四九）の年号で、「政要」は「政治の要諦」をいう。太宗が賢臣を登用し、広く諫言《かんげん》を聞き入れて善政を敷いたため、隋《ずい》末の戦乱の疲弊から民生を立ち直らせることができた。貞観年間は賦役《ふえき》も軽く、殖産が奨励されたかたわら、突厥《とっけつ》（モンゴル高原で活動したトルコ系の遊牧民）との防衛戦にも勝利し、社会は安定して経済は繁栄を見た。

また「八宗」とは、奈良時代に行なわれていた三論宗《さんろんしゅう》・成実宗《じょうじつしゅう》・倶舎宗《くしゃしゅう》・律宗《りっしゅう》・法相宗《ほっそうしゅう》・華厳宗《けごんしゅう》といった南都《なんと》六宗に、平安時代に興った天台宗、真言宗の平安二宗を加えた各仏教学派の総称である。日蓮聖人は、このように政治の在り方や、他の宗派の教義にも目を配っていたのだ。

## 元政上人の読書観

元政上人の読書観がうかがわれる詩がある。「欧陽《おうよう》の読書の詩」と同一の韻を用いて作った詩である。欧陽とは、北宋の詩人・政治家で名文家として知られる欧陽脩《おうようしゅう》（一〇〇七〜七二）のことである。このような詩作は、「和韻《わいん》」（韻を和す）と称されていて、①原作の韻と全く同一の文字を同一の順に用いた「次韻《じいん》」（韻を次ぐ）、②順にこだわらずに用いる「用韻《よういん》」、③同一の韻に属する他の文字を用いる「依韻《いいん》」――の三種類がある。①については、既に二八頁で具体例を示した。

和韻の中でも、特に次韻は作者の力量が問われるものだが、ここでは、欧陽脩の詩の偶数行の末尾に用いられている三十五の韻字のうち、三十四文字を韻字として同一順に用いて全く別の詩を作っている。元政上人は、このような次韻の詩を多数ものしていて、詩人としての際立った才能が注目される。

和欧陽読書詩
脱俗入無為
余習未釈巻
病来雖力衰
転書猶忘倦
多羅辨偏円
名義析梵漢
嘐嘐慕古人
好読高僧伝
手執半満書
毅然任独断

欧陽《おうよう》の読書《どくしょ》の詩《し》に和《わ》す
俗《ぞく》を脱《だつ》して無為《むい》に入《い》る
余習《よしゅう》、未《いま》だ巻《かん》を釈《す》てず
病来《びょうらい》、力衰《ちからおとろ》うと雖《いえど》も
書《しょ》を転《てん》ずれば猶《なお》倦《う》むことを忘《わす》る
多羅《たら》、偏円《へんえん》を辨《べん》じ
名義《みょうぎ》、梵漢《ぼんかん》を析《わか》つ
嘐嘐《こうこう》として古人《こじん》を慕《した》う
好《この》みて高僧伝《こうそうでん》を読《よ》む
手《て》に半満《はんまん》の書《しょ》を執《と》りて
毅然《きぜん》として独断《どくだん》に任《まか》す

心地坦蕩蕩
無人挑法戦
我昔強論理
豈豈肌有汗
今不求甚解
従容凭書案
香火以事仏
長不干世宦
身纏百納衣
自忘貧与賤

心地《しんち》、坦《たいら》かにして蕩蕩《とうとう》たり
人《ひと》の法戦《ほうせん》を挑《いど》むこと無《な》し
我《われ》、昔《むかし》強《し》いて理《り》を論《ろん》じ
豈豈《ぎんぎん》として肌《はだえ》に汗《あせ》有《あ》り
今《いま》は甚《はなは》だしく解《かい》せんことを求《もと》めず
従容《しょうよう》として書案《しょあん》に凭《もた》る
香火《こうか》、以《もっ》て仏《ほとけ》に事《つか》え
長《なが》く世宦《せかん》に干《かかわ》らず
身《み》に百納衣《ひゃくのうえ》を纏《まと》いて
自《おの》ずから貧《ひん》と賤《せん》とを忘《わす》る

俗世間を離れて出家の身となったが、世俗での習慣が抜けきれず書物を捨てずにいる。病になって体力は衰えてきたといっても、書物を広げれば飽きることを忘れて読みふけってしまう。スートラ（修多羅《しゅたら》）、すなわち経典については偏った方便の教えと完全円満な教え（円教）を判別し、言葉の意味については梵語と漢語を立て分けて理解する。

志を大きくもって昔の勝れた人を慕い、中国・梁《りょう》の慧皎《えこう》（四九七〜五五四）の撰した『梁高僧伝』を愛読し、半満の教え、すなわち小乗と大乗の仏典を手に取って、他者の意見を鵜呑《うの》みにすることなく、自らの信念をもって自分で判断し納得することに任せている。

心は、わだかまりがなく、豊かに広がっていて、人が法論を挑んでくることもない。私は昔、強引に理屈っぽいことを論じていた。他人と言い争って汗だくになったものであった。今は、理解できないことがあっても、無理に分かろうとするのではなく、焦らず、ゆったりと落ち着いて文机《ふづくえ》に凭《もた》れて読書している。

仏前に香を焚《た》き、燈に火を灯して仏に仕えて、代々、彦根藩の井伊家に仕えてきた官職とは長い間、関わっていない。身には多くの布切れを縫い合わせた粗末な僧衣を着て、おのずと「貧」とか「賤」とかといった俗世間の価値判断を忘れ去ってしまった——。

元政上人は、ここで自らがこれまでどのように読書してきたのか、その態度の変遷を振り返っている。これには、以下の詩が続いていて、その読書によって喜びを満喫している様子が綴られている。

或時遊五天
或時在震旦
斯楽若可記
滄溟宜為硯
林間無外事
一鉢飽午飯
空斎稀煙火

或《あ》る時《とき》は五天《ごてん》に遊《あそ》び
或る時は震旦《しんたん》に在《あ》り
斯《こ》の楽《たの》しみ、若《も》し記《しる》す可《べ》くんば
滄溟《そうめい》、宜《よろ》しく硯《すずり》と為《な》すべし
林間《りんかん》、外事《がいじ》無《な》し
一鉢《いっぱつ》、午飯《ごはん》に飽《あ》く
空斎《くうさい》、煙火《えんか》稀《まれ》なり

焼燈過夜半
言語復奚為
述志寄筆翰
触事楽有余
不羨人富羨
一牀与一榻
坐臥適宴宴
我無飲食客
香積不須辦
経行林野間
有時遇遺彦

燈《ともしび》を焼《た》きて夜半《やはん》を過ぐ
言語《げんご》、復《ま》た奚《なに》をか為《な》さん
志《こころざし》を述《の》べて筆翰《ひっかん》に寄《よ》す
事《こと》に触《ふ》れて楽《たの》しみ余《あま》り有《あ》り
人《ひと》の富羨《ふせん》を羨《うらや》まず
一牀《いっしょう》と一榻《いっとう》と
坐臥《ざが》、宴宴《えんえん》に適《かな》う
我《われ》に飲食《おんじき》の客《きゃく》無《な》し
香積《こうしゃく》、辦《べん》ずることを須《もち》いず
林野《りんや》の間《あいだ》を経行《きょうぎょう》して
有る時、遺彦《いげん》に遇《あ》う

読書することによって、ある時はインドを東・西・南・北・中の五つに分けた五天竺を遊覧し、ある時は震旦《しんたん》、すなわち中国に滞在することができる。

天竺は、インダス河の流域を意味するシンドゥ（Sindhu）を東南アジアの人たちがティンドゥと発音したのに基づいて音写されたもので、ギリシア人がそれをインドスと発音したことから「印度」、もとの発音からは「信度」や「身毒」と音写された。震旦は、「シナ人の住むところ」という意味のチーナ・スターナ（cīna-sthāna）が中央アジアで訛《なま》ったチーン・スターンを音写したものである。

読書によって、このような世界を経巡《へめぐ》ることのできるこの喜びを、書き記すとすれば、大海を硯《すずり》として墨をすって書くしかないであろう。

林に囲まれた庵には、俗世間の雑事は存在しない。鉢に盛られた昼ごはんで、十分に足りる。人けのない書斎には竈《かまど》の炊煙が立ち込めることは稀《まれ》であるが、書を読むための燈明は夜中過ぎまで灯っている。

言語によって表現することは、何がどこまでできるであろうか。志を述べて自ら奮起し、筆に託すのみである。あらゆることに触れても、すべてが楽しんでも楽しみきれないほどである。だから、他人が富裕であることを羨《うらや》むこともない。一つの寝台と一つの長椅子さえあれば、行住《ぎょうじゅう》坐臥《ざが》の日常の生活は安楽で心にかなったものとなる。

私には、一緒に飲んだり食ったりする世俗の客人はいない。だから、『維摩経《ゆいまきょう》』の主人公であるヴィマラキールティ（維摩詰《ゆいまきつ》）が香積仏《こうしゃくぶつ》からもらい受けて食べ物を人々に分かち与えたことにちなむ香積台《こうしゃくだい》、すなわち台所のことをとやかく言う必要もないのだ。修行の合間に疲れや眠けをとるために林野をそぞろ歩きしていて、時折、世間で忘れ去られた勝れた人物に遭遇したりするのみだ――。

「我に飲食の客無し」とあるが、来客があってご馳走《ちそう》すると言っても、筍《たけのこ》を掘り、菜《な》を摘んで饗《きょう》するのみであった。それを聞いた母が味噌を届けると、それを団子にしたり、焼き味噌にして食した。厨房には味噌も貯えてなかったのだ。それでも、既に述べたように、来客は数日間滞在しては詩文について談じては充実した時間を過ごして帰路につくこともあったようだ。

さらにこの後、詩は次のように展開される。ここでは、『法華経』を信じてきて、四十歳になろうとしている元政上人の読書への思いがしたためられている。

吾年将四十
流景急於箭
況是病生涯
只合喟然歎
何意漫好高
顔厚不自揣
生来信仏乗
任運絶諸見
直要破無明
塵沙何足断
波旬不可伺
念念曾無間
一生縦未得
生生豈有限

吾《われ》、年《とし》将《まさ》に四十《しじゅう》ならんとして
流景《りゅうけい》、箭《や》よりも急《きゅう》なり
況《いわ》んや是《こ》れ病《やまい》の生涯《しょうがい》なり
只合《ただまさ》に喟然《きぜん》として歎《たん》ずべきに
何《なん》の意《い》ぞ、漫《みだ》りに高《たか》きを好《この》みて
顔厚《かおあつ》くして自《みずか》ら揣《はか》らず
生来《せいらい》、仏乗《ぶつじょう》を信《しん》じて
任運《にんぬん》に諸見《しょけん》を絶《ぜっ》し
直《ただ》ちに無明《むみょう》を破《は》せんと要《よう》す
塵沙《じんじゃ》、何《なん》ぞ断《だん》ずるに足《た》らん
波旬《はじゅん》、伺《うかが》う可《べ》からず
念念《ねんねん》、曾《かつ》て間《ひま》無《な》し
一生《いっしょう》に縦《たと》い未《いま》だ得《え》ずとも
生生《しょうしょう》、豈《あ》に限《かぎ》り有《あ》らんや

四大本一空
何物是病患
中有金剛宝
時把加精錬
譬如修羅琴
深禅離静散
喜哉為此身
奚憂顔色変
読破八千蔵
始当謝大譴
有母性楽山
随我霞谷岸
二室分東西
蕭然相与窟
飽飡法喜食
未曾悦芻豢
埋首万巻中
免聞俗子訕

四《し》大《だい》、本《もと》一《いっ》空《くう》
何物《なにもの》か是《こ》れ病患《びょうげん》
中《なか》に金剛《こんごう》の宝《たから》有《あ》りて
時《とき》に把《と》りて精錬《せいれん》を加《くわ》う
譬《たと》えば修羅《しゅら》の琴《こと》の如《ごと》し
深禅《しんぜん》に静散《じょうさん》を離《はな》る
喜《よろこ》ばしき哉《かな》、此《こ》の身《み》と為《な》りて
奚《なん》ぞ顔色《がんしょく》の変《へん》ずることを憂《うれ》えん
八千蔵《はっせんぞう》を読破《どくは》して
始《はじ》めて当《まさ》に大譴《たいけん》を謝《しゃ》すべし
母《はは》有《あ》り、性《せい》、山《やま》を楽《たの》しむ
我《われ》に霞谷《かこく》の岸《きし》に随《したが》う
二《に》室《しつ》、東西《とうざい》を分《わか》ち
蕭然《しょうぜん》として相与《あいとも》に窟《かく》る
飽《あ》くまで法喜《ほうき》の食《じき》を飡《くら》いて
未《いま》だ曾《かつ》て芻豢《すうかん》を悦《よろこ》ばず
首《こうべ》を万巻《ばんかん》の中《なか》に埋《う》ずめて
俗子《ぞくし》の訕《そし》りを聞《き》くことを免《まぬか》る

私は年齢が四十歳になろうとしていて、流れ去る時間は矢よりも速いものだ。ましてや、この私は病の生涯であり、ただため息をついて嘆くべきであるのに、深い考えもなく理想の高いことを好み、厚かましくて、自分自身の力量がどれほどのものかを推し量り省みることがない。

生まれてから今まで、あらゆる人が成仏できるとする一仏乗《いちぶつじょう》の教えが説かれた『法華経』を信じているので、人為を加えず自然にまかせて、諸々の見解などにまつわる惑い（見思惑《けんじわく》）を途絶する。直ちに〔見思《けんじ》・塵沙《じんじゃ》・無明《むみょう》の三惑《さんわく》のうち最も根本にある〕無明《むみょう》〔惑《わく》〕を破することが大切なことで、塵《ちり》や沙《すな》のように無数の惑い（塵沙惑《じんじゃわく》）をどうして断ずる必要があろうか。これによって、悪魔の波旬《はじゅん》も近づくことができないし、瞬間瞬間にも決してつけ入る隙はないのだ。

たとえ一生のうちに覚りを得ることがなくても、生まれを繰り返すことがどうして有限であることがあろうか。無限に転生を繰り返すのだ。私の身体を構成する地《ち》・水《すい》・火《か》・風《ふう》の四大《しだい》（四元素）は、本来一つの空《くう》なるものであって、不変の実体があるのではない。

そのことを達観すれば、何ものが病気であろうか。病気といわれるものは何もないのだ。むしろ、私たちの中には仏性《ぶっしょう》（仏の本性）という金剛の宝が具わっていて、時に適って取り出し不純物を取り除いて純度を高めることができる。それは、『大智度論《だいちどろん》』巻一七に説かれている弾《ひ》くものがいなくても随意におのずから鳴るという修羅の琴のようなもので、禅定が深まれば、心の寂静《じゃくじょう》だとか、散乱だとかということをおのずから超越することができるのである。

何と喜ばしいことであろうか。この〔病の〕身となって、血色が変わってゆくことなどどうして憂えることがあろうか。釈尊が説いたとされる八万法蔵の十分の一に相当する八千法蔵を読破してはじめて、大きな罪をわびることになるであろう。

母は健在で、生まれつき山を楽しむ性分を持っている。私に従って、深草の霞谷《かすみだに》の水辺に暮らしている。それぞれの二つの草庵は東と西に分かれていて、ひっそりともの寂しくともどもに俗世を離れて暮らしている。『法華経』五百弟子授記品に説かれる法の喜びという食べ物（法喜《ほうき》食《じき》）を飽きるほど食べているので、美味なる家畜の肉を喜ぶようなことは決してないのだ。

万巻の書物の中に首を突っ込んで読書に専念し、世俗の名聞《みょうもん》・名利《みょうり》などにとらわれている俗人たちの非難の声を聞くことを免れている――。

ここからは、若いころから読書にいそしんできて、四十歳近くなってもますます読書に打ち込んでいる元政上人の姿が読み取れる。それも、『法華経』に説かれる法の喜びという食べ物を存分に味わいながらの読書三昧ということである。

上野洋三氏は、「法喜」の出典として『維摩経』を挙げているが（『石川丈山・元政』、一八二頁）、『法華経』に「法喜食」が出てくるので、筆者はそちらを出典とした（拙訳『サンスクリット原典現代語訳　法華経』上巻、二三五頁参照）。

読書家の上人は、珍しい古本を捜し、新たに唐本が来たと聞けば市中に出た。『李忠定公《りちゅうていこう》全集』を長崎の書籍商から購入したということも文章に残っている。書店で見た目録に『水滸伝《すいこでん》』があり、購入しようとしたが、既に買った人がいて、買主を調べて借りようとしたがかなわなかったことも記されている。『古今合璧事類《ここんがっぺきじるい》』を見つけたものの、値段を聞いてあまりの高価さに手が届かなかったこともあった。これは、宋末に成った韻律についての書であり、そこまで詩作に関して探究しようとしていた。江戸時代前期の儒学者・鵜飼石斎《うかいせきさい》（一六一五～六四）とは、『欧陽公全集』をはじめとする種々の書籍を石斎から借りて読んだり、上人が『続日本紀《しょくにほんぎ》』二十巻を石斎に贈呈したりする仲だった。欧陽公は、既に触れた中国・北宋代の名文家・欧陽脩のことである。

## 交友関係の幅広さ

元政上人の交友関係の幅広さも注目されるところである。けれども、『元政上人行状』によると、「貴介《きかい》、公子《こうし》、搢紳《しんしん》、士庶《ししょ》」、すなわち貴族や、その子弟、官位の高い人、一般の武士や庶民たちから召されても、決して応ずることはなかった。自分からやって来た人に対しては、出家・在家を問わず、親しくても親しくなくても分け隔てなく「善言諭誘《ぜんごんゆゆ》して之《これ》が為に啓廸《けいてき》（啓発）す」とある。

「諭誘」は、「諭」と「誘」の発音が同じであることから、「誘諭」の語順を入れ替えた誤写であろう。中国の『漢語詞典』に、「亦作『誘喩』」（また「誘喩」と作る）とあるので、「善言誘喩」（善言をもって誘《いざな》い喩《さと》す）のことであろう。これは、『法華経』譬喩品《ひゆぼん》の火宅《かたく》の中で遊ぶ子どもたちを外に脱出させようと父親である資産家（居士《こじ》）が子どもたちを諭す場面に出てくる言葉である（拙訳『梵漢和対照・現代語訳　法華経』上巻、一九六頁参照）。こうした誤写は、『法華経』寿量品に「色香味美《しっこうみみ》」とすべきところが、「色香美味《しっこうみみ》」（同、下巻、二三二頁）となっているところにも見られる。

自分から出かけることはないが、来る者には分け隔てなく語って聞かせるというのは、釈尊の王侯・貴族などに対する態度と全く同じであり、さらには『法華経』安楽行品《あんらくぎょうぼん》に説かれる「言葉による実践」（口安楽行《くあんらくぎょう》）に通ずるものである（植木雅俊・橋爪大三郎著『ほんとうの法華経』二七九頁参照）。その個所は、鳩摩羅什《くまらじゅう》（三四四～四一三）による漢訳よりもサンスクリット原典からの拙訳のほうが具体的な内容になっているので、その箇所を引用する。

法を聞くことを求めて次々にやって来る人たちのために、快く誰でも受け容れて法を説くのである。（拙訳『サンスクリット原典現代語訳　法華経』下巻、五三頁）

質問した人がブッダの智慧を覚ることができるように、そのように答えるのである。（同）

いろいろな多くの話を簡潔にまとめてしてやるがよい。まさに、男性出家者たちや、女性出家者たちにも、また、男性在家信者や女性在家信者、王、同じく王子たちにも、その賢者は、常に嫌な顔をしないで種々の意味を持つ感動的な話を語るべきである。（同、五四頁）

その時、それらの人たちから質問されたとしても、この菩薩は、その人に適切な意味をさらに示すべきである。そして、それを聞いて、それらの人たちが覚りを得ることができるように、そのようにその意味のすべてを説き示すべきである。（同）

さらにまた、賢者は怠慢であることを避け、また倦怠感を生じることなく、不快感をすべて捨て去って、聴衆のために慈悲の力を起こすべきである。（同）

また、その賢者は、幾コーティ（億）・ナユタ（万）もの多くの譬喩《ひゆ》によって、日夜に最高の法を説いて、聴衆を歓喜させ、まさにそのようにして満足させるべきである。また、そこで決して何も見返りを求めてはならない。（同）

「私も、これらの衆生も、ともにブッダになりますように。このように願って、〔中略〕説き聞かせよう」と常に考えるべきである。（同）

北村季吟肖像

上人は、随所に戒・定・慧の三学を修することを強調していたが、ここからも交友関係において『法華経』の戒律と言われる安楽行（安楽の境地に住するための行ない）を実践していたことがわかる。

このほか、熊沢蕃山《くまざわばんざん》（一六一九～九一）、北村季吟《きたむらきぎん》など多数の著名人と交友関係を重ねた。熊沢蕃山は、中江藤樹《なかえとうじゅ》（一六〇八～四八）のもとで学んだ高名な陽明学者で、仏教嫌いであったが、元政上人の人格に触れて、上人から『源氏物語』だけでなく『法華経』までも学んでいる。

歌人・俳人の北村季吟も『源氏物語』について上人から教えを受けていた。季吟と蕃山の二人は、それぞれ『源氏物語《げんじものがたり》湖月抄《こげつしょう》』『源氏外伝《げんじがいでん》』を著わしている。前者は、近年まで『源氏物語』を読むのに不可欠の書とされ、国学者・賀茂真淵《かものまぶち》（一六九七〜一七六九）は『湖月抄』に書き込みをして『源氏物語新釈』を著わし、歌人・与謝野晶子《よさのあきこ》（一八七八〜一九四二）は『湖月抄』を底本としてわが国初の『源氏物語』の現代語訳をなした。国文学者・折口信夫《おりくちしのぶ》（一八八七〜一九五三）の最後の弟子と自称していた歌人で國學院大学教授の阿部正路《あべまさみち》氏（一九三一〜二〇〇一）から聞いたところでは、折口は『湖月抄』を用いて慶應義塾大学で講義したという。元政上人の教えを受けた季吟らが、それほど高水準の書を著わしていることは、上人の『源氏物語』に対する研究レベルがいかに高いものであったかを物語っていると言えよう。

先ほど名前を挙げた『雲のゆき来』は、元政上人の詩の世界を逍遥《しょうよう》し、事績を訪ねる旅という形式の長編小説であるが、著者の中村真一郎氏は、その中で上人の『源氏物語』に対する理解を高く評価している。中世以来の「好色之書《こうしょくのしょ》」「和語之書《わごのしょ》」「世教之書《せきょうのしょ》」「仏教之書《ぶっきょうのしょ》」といった『源氏物語』に対する目的論的解釈・評価に対して、上人は「摸象之書《もぞうのしょ》」と論じた。これについて、中村氏は、次のように評価している。

> 世態人情を写すフィクションの書に過ぎない。そのものとして、終生、繰り返して読み、注釈を施して倦かないだけの豊富さを備えた、一部の「小説」なのである。これこそ、『源氏物語』を幾多の目的論的偏見から救出して、小説としての独立性を取り戻させる態度であり、

百年後の本居宣長の先蹤をなすものである。

しかも、上人は少年のころから好んで『源氏物語』を読んでは、人に聞き、人に説いていた。それ以来、この書を自ら漢訳して中国に伝えることを考えていたとも記している。それは、『艸山集』巻十二の「紫式部」と題する文章の最後に出てくる次の一節からうかがえる。

余《よ》甚《はなは》だ少《わか》かりしとき、好《この》みて此《こ》の書を読て、而《しか》も自《みずか》ら見、人に随《したが》い聞き、又《また》人の為《ため》に説く。毎《つね》に謂《おもへ》らく、如何《いかん》ぞ班馬《はんば》が筆を藉《かり》て此《こ》の書を訳して而も異朝に伝へむ。此《こ》れ特《こと》に少年の偏好のみ。今は則《すなわ》ち此の心も亦《また》亾《な》し。

翻訳の際、「班馬《はんば》」、すなわち中国の班固《はんこ》（三二〜九二）と司馬遷《しばせん》（紀元前一四五頃〜同八六頃）の二人がそれぞれ編纂した歴史書の『漢書』や『史記』の文体を採用しようとしていたというのだから、『漢書』や『史記』についてもさることながら、『源氏物語』に対する精通ぶりは尋常なものではなかった。

熊沢蕃山については、三熊花顚が、元政上人の後継の弟子・慧明《えみょう》（日燈《にっとう》）の随筆を読んで、「おもしろき事なれば」と言って、その随筆から次の箇所を引用している。

熊沢次郎八は、陽明の学にして備前《びぜん》岡山侯に教《おしえ》し人なり。後、俸録をすてゝ洛陽・上御霊《かみごりょう》

〔神社〕の辺にかくれて、名を蕃山了芥《ばんざんりょうかい》と改む。甚《はなは》だ楽《がく》を好めり。伶人《れいじん》を日々招きあつめて楽《がく》を稽古《けいこ》しけり。ある時、伶人某《なにがし》といふもの、了芥をして草山《そうざん》に来り謁《えっ》せしむ。爾来《じらい》、節々《ふしぶし》、草山に来れり。又《また》伶人を携来《たずさえきたり》て楽を聞く。余《よ》（慧明）も草山（元政）に従ふ。又〔蕃山は〕師に請ふて折々、法華経の訓読を習ふ。梵語《ぼんご》の心得がたき所などを聞く。譬喩品《ひゆぼん》に至《いたり》てやみぬ。又、源氏物語をも師にきけり。これは全篇きけるが、師の前にしては、あながち仏法を破することとなし。但《ただ》、当世の僧の行《おこな》ひなどのあやしきことをなげく。釈尊に当世の僧を見せたらば、此人《このひと》は何といふものぞと仰《おおせ》てん、孔子《こうし》に当世の儒者を見せたらば、これ何ものぞと仰てん、などかたりけり。

熊沢蕃山は、雅楽《ががく》を奏する人（伶人）たちとともに元政のところに訪ねてきては、音楽を奏することもあった。その伶人とは、小倉の少将、すなわち小倉実起《おぐらさねおき》（一六二二〜八四）という公卿《くぎょう》のほか数人であったようだ。少将が琴を、蕃山が琵琶を奏し、元政上人は天地の心に通う調べには山の岩や木も動くほどだと和歌を詠んで楽しんだ。それだけでなく蕃山は、折に触れて『法華経』の訓読を習い、梵語《ぼんご》（サンスクリット語）の理解し難いところなどを質問していたか、譬喩《ひゆ》品《ぼん》第三に至ってそれも終わった。『法華経』は全二十八品《ほん》あるが、各品（章）に長短の違いがあり、譬喩品までが全体のどれほどの分量になるのか分かりづらいであろう。拙訳『サンスクリット原典現代語訳　法華経』上・下巻で譬喩品までは、全五百三十四頁のうち百十八頁までを占めていて、五分の一強になる。『源氏物語』についても元政上人に尋ねていて、これは途中で終わることなく全編について尋ねていた。熊沢蕃山は、仏教嫌いで有名であったが、元政上人の前では決して仏教を悪く言うことはなかった。

北村季吟は、元政上人とは松永貞徳に和歌を学んだ同門で、『源氏《げんじ》物語《ものがたり》湖月抄《こげつしょう》』のほかに、『徒然草文段抄《つれづれぐさもんだんしょう》』『枕草子《まくらのそうし》春曙抄《しゅんしょしょう》』などを著わしている。北村季吟の弟子に、松尾芭蕉がいることも無視できない。

松永貞徳に学んだ同門の歌人に収玄子《しゅうげんし》（打它景軌《うつだかげのり》、?〜一六七〇）がいる。収玄子の父、打它公軌《きみのり》は、木下長嘯子《きのしたちょうしょうし》・松永貞徳・中院通茂《なかのいんみちしげ》に学んだ歌人だが、俵屋宗達《たわらやそうたつ》（?〜一六四〇頃）の『風神雷神図』を発注した豪商でもあった。景軌は、父公軌の意向によって多くの公家や歌人との交際を広げていた。その一人が元政上人であった。景軌の子、光軌《みつのり》も和歌を中院通茂・通久《みちひさ》に学び、北村季吟父子ら当代一流の歌人とも親しかった。同じ中院通茂門下の高弟、中村藩主の縁で陸奥国《むつのくに》中村藩（福島県相馬市）に和歌師範として招かれるなど、歌人の家柄であったが、豪奢《ごうしゃ》な生活をしていた公軌・景軌父子は、後に西国大名の島津家と細川家に貸した金が焦げ付き破産して京都を去ったといわれる。

元政上人は、嵯峨にある収玄子の別荘「何有亭《かいうてい》」と深草の「称心庵」とをお互いに訪ね合った。漢詩の長いタイトル「閏《うるう》五月二日、収玄子、霞谷に来て吟遊す。七日の夕に至りて帰り去る。余《よ》、猶《なお》未だ足らざるがごとし。……」を見ると、収玄子の訪問は数日間にわたる滞在であったようだし、上人も収玄子の別荘を訪ねて、帰るのも忘れるほど詩を吟じ、語り合った。

洛北に詩仙堂を構え風流三昧の生活を送った漢詩人で書家の石川丈山《いしかわじょうざん》（一五八三〜一六七二）

は、洛南の深草で仏道修行に励んだ元政とともに江戸時代初期を代表する詩人として知られ、交流があった。

　青山氏は、その著『深草の元政』（平楽寺書店、一四五頁）で、その交流に次のような疑問を呈していた。

　奇異に思はれるのは元政の尺牘《せきとく》があれだけあり、またあれだけの詩文があるのに、丈山との応酬唱和といふものは一言半句もなく、丈山の覆《ふ》醤集《しょうしゅう》にも元政に関したことは一句もない。丈山は詩仙堂の詩人に王安石《おうあんせき》を撰ぶのを拒んだやうな狷介《かっかい》孤峭《こしょう》な気質があったから双方《そうほう》深く交際せなんだものと見える。

　丈山の人となりを示すエピソードが、上野洋三氏の『石川丈山・元政』の「解説」（三四八〜三五二頁）に詳細に綴られている。それを読むと、青山氏が「狷介」（悪賢くて頑固）、「孤峭」（孤立した山のように人と折り合わない）という表現を用いられたのも、なるほどと思えてくる。

　この「尺牘」とは、手紙のことである。明治末期から昭和の初めにかけては、元政上人との応酬唱和について触れた丈山の書き物は知られていなかったのであろう。ところが、萩原本の二七九頁に「元政上人と諸家の園に遊ぶ」と題する丈山の七言絶句の墨蹟が掲げられ、丈山と上人の詩の唱和の記録も収録されていることをここに指摘しておく。

　まず、丈山が次のように吟じた。

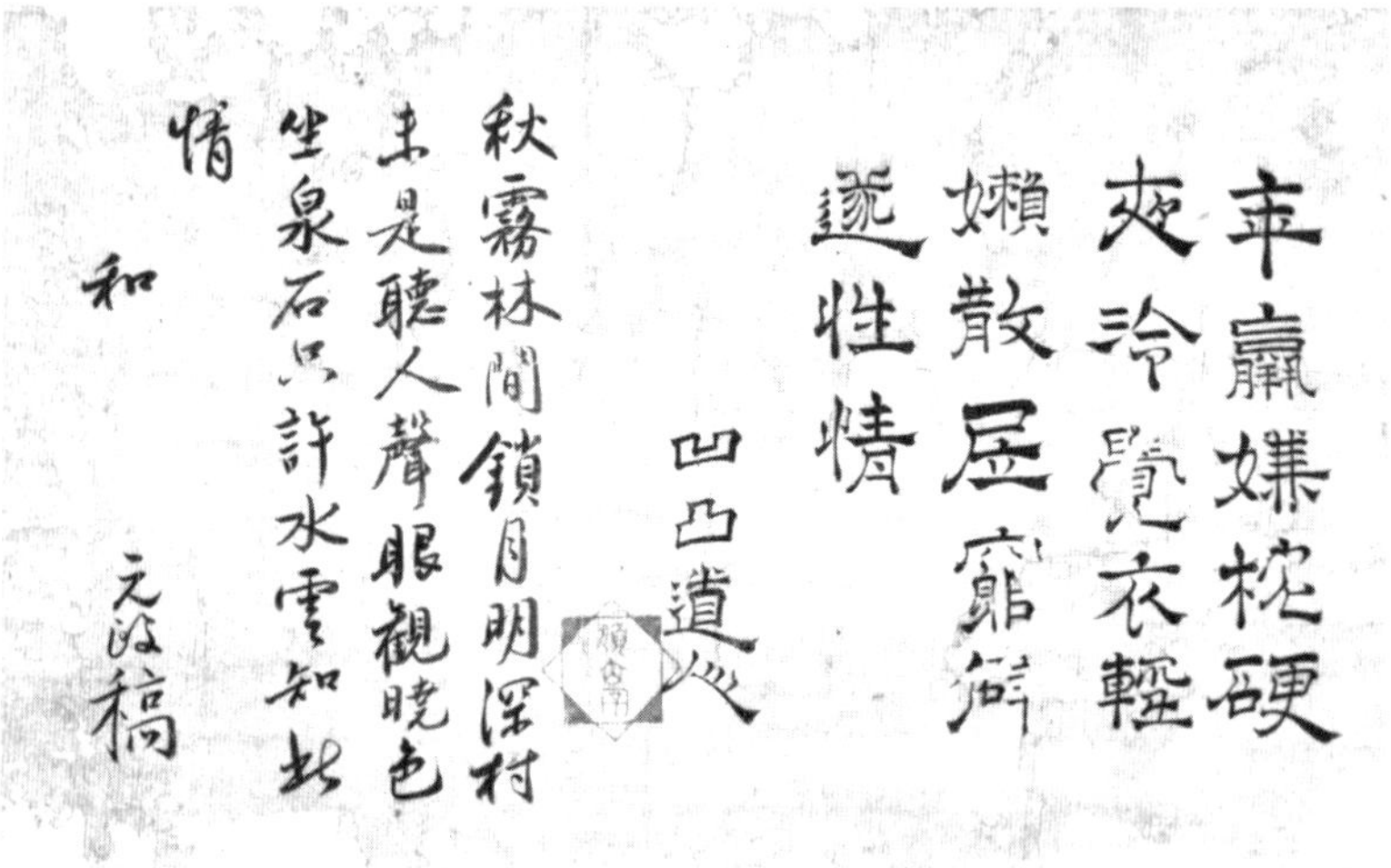

石川丈山（凹凸道人）と元政上人が唱和した詩（隆盛寺蔵）

年羸嫌枕硬
夜冷覚衣軽
嬾散居窮僻
遂性情
凹凸道人

年羸《おとろ》えて枕の硬さを嫌う
夜冷やかにして衣の軽きを覚ゆ
嬾散《らんさん》として窮僻《きゅうへき》に居て
性情を遂ぐ
凹凸《おうとつ》道人

老い衰えた身には枕の硬さがつらいものだ。夜の冷え込みには、夜着が軽く覚えて堪えられない。もっと重い夜着が欲しい。私は俗世間に対して怠惰であったが、この貧しい僻地にいて人間として持って生まれた性情を全うすることができた——。

これに対して、元政上人は次のように唱和した。

秋霧林間鎖月明
深村未是聴人声
眼観暁色坐泉石
只許水雲知此情
和　元政稿

秋霧の林間、月明を鎖《とざ》す
深村は未《いま》だ是《こ》れ人の声《こえ》を聴かず
眼は暁色を観て、泉石に坐す
ただ許す水雲の此の情を知ることを
和す　元政稿

秋の霧が立ち込めた林の中では月の明かりも閉ざされてしまう。奥深い深草村ではいまだ人の声を聞くことはない。眼には夜明けの景色を観て、泉や石の庭に坐している。ただ、流れゆく水や、去り行く雲がわが心を知ってくれることだけを許そう――。

いずれも、俗世間を離れた生活を吟じたものだが、丈山の詩は少し愚痴っぽさが感じられるが、元政上人の詩にはそれがなく、大らかさに満ちているという違いが読み取れる。

## 後世の文学者たちの讃嘆

江戸初期の大坂の俳人で浮世草子《うきよぞうし》・人形浄瑠璃《にんぎょうじょうるり》作者の井原西鶴《いはらさいかく》は、『日本永代蔵《にっぽんえいたいぐら》』（岩波古典文学大系、第四八巻、七一頁）で、

手は平野仲庵に筆道を許され、茶の湯は金森宗和の流れを汲《くみ》、詩文は深草の元政に学び、連《れん》俳《ばい》は西山宗因の門下と成《なり》、能《のう》は小畠の扇を請《こい》、鼓《つづみ》は生田与右衛門の手筋……。

と各界から当代随一の人物名を挙げた中に、詩文の第一人者として深草の元政上人の名前を挙げている。

江戸時代中期の漢詩人、江村北海《えむらほっかい》（一七一三～八八）は、『日本詩史』（岩波文庫、六八頁）にお

いて、

寛文《かんぶん》中（一六六一〜七二）、詩豪と称せられしもの、石川丈山、僧元政に過ぐるはなし。

と論じ、江戸時代後期の儒者、西島蘭渓《にしじまらんけい》（一七八〇〜一八五二）は、『孜孜斎詩話《ししさいしわ》』で、

世に「四家絶句」有り。藤原惺窩《ふじわらせいか》・石川丈山・釈元政・釈元次、これを四家と為《な》す。蓋《けだ》し、元政その冠為《かんた》り。丈山これに次ぐ。

と元政上人を第一人者とまで評価している。

その令名は、後世までも語り継がれ、多くの俳人、文学者たちが元政の墓を訪ねて俳句を詠んだ（それは後に紹介する）。

江戸時代の絵師で蘭学者の司馬江漢《しばこうかん》（一七四七〜一八一八）は、

元政は仏の理を悟り、出家の道を知り、戒《かい》を保ち、法華律宗の祖なり。年四十六にして死す。齢《よわい》短しと雖《いえ》ども、その聞《きこ》え高し。

（『春波楼筆記《しゅんぱろうひっき》』）

と記し、江戸時代の文人で戯作者《げさくしゃ》・狂歌師の大田南畝《おおたなんぽ》（一七四九〜一八二三）は、

余《よ》、夙《つと》に『草山集』『扶桑隠逸伝《ふそういんいつでん》』諸書を読み、元政上人之風《のふう》を欽《うやま》ふこと久し。去歳《いぬるとし》、浪華《なにわ》に祗役《しえき》し、便道《べんどう》もて京師《けいし》深草の里に過《よぎ》り、瑞光寺に入りて上人の墓に謁《えっ》す。今春、浪華《なにわ》天満郷の瑞光寺の訓堂禅師、元政上人書する所の詩一幅を贈る。因《よ》りて其《そ》の韻を歩《ほ》し、併《あわ》せて以《もっ》て謝し奉《たてまつ》る。

（『南畝集』）

と論じた。「韻を歩す」とは、「韻を次ぐ」「韻を和す」と同じ意味である。

大坂の雑学者で戯作者《げさくしゃ》の蒹葭堂《けんかどう》木村明啓《きむらめいけい》（一七九四〜一八六〇）も、

元政《げんせい》はそのはじめ、江州《ごうしゅう》彦根侯に仕えて、石井元政《いしいもとまさ》という。博学多才《はくがくたさい》にして、忠節無双《ちゅうせつむそう》の士たり。殊《こと》に至孝篤実《しこうとくじつ》なること、行状記につまびらかなり。

（『雲錦随筆《うんきんずいひつ》』）

と評している。

## 陳元贇との出会い

元政上人の詩作に大きな影響をもたらした人として、明《みん》から亡命して名古屋藩に仕えていた陳《ちん》元贇《げんぴん》（一五八七〜一六七一）を挙げなければならない。万治《まんじ》二年（一六五九年）、元政上人が三十七歳の時、母とともに身延山《みのぶさん》を訪ねた往復の途次に立ち寄った次姉の嫁ぎ先である尾張藩士の川澄家で初めて対面した。二人は、即座に意気投合したようだ。その紀行文である『身延道の記』によると、二人が漢詩を唱和した様子が記録されている。唱和とは、一方が詩を読み、他方がそれに応じて詩を作ることである。

二人が初めて会った時（八月十六日）のことは、次のように記されている。

我名《わがな》をとふを、元政といへば、わが兄弟なりとたはぶる。

元政と元贇で、「元」の字が同じであることで、そのように戯《たわむ》れたのであろう。元贇は、筆を執ると、次の七言絶句を詠んだ。

一仰高標愜素聞
不才尤愧共論文
従来四海皆兄弟
何必今朝初見君

一《いっ》に高標《こうひょう》を仰《あお》いで素聞《そぶん》に愜《かな》う
不才尤《ふさいもっと》も愧《は》ず、共《とも》に文《ぶん》を論《ろん》ずることを
従来《じゅうらい》、四海《しかい》は皆兄弟《みなきょうだい》
何《なん》ぞ、必《かなら》ずしも今朝初《こんちょうはじ》めて君《きみ》を見《み》るならん

ひとえに、あなたの高い品格や器量の勝れていることを仰いでいましたが、今、直接あなたの

陳元贇

声を聞くことがかないました。私には才能がなく、あなたと共に詩文について論ずることはもっとも恥ずかしいことです。『論語』顔淵篇《がんえんへん》に「君子は敬して失う無く、人と恭《うやうや》しくして礼有らば、四海の内、皆兄弟なり」と昔から言われるように、四大海に囲まれた世界中の人々はみな兄弟です。どうして、あなたに会ったのは今朝が初めてだと言うのでしょうか。〔私たちは、以前からの知己《ちき》なのです――。〕

元贇のこの詩を見て、元政も和韻して詩を作った。初めて対面して即座に詩を唱和するという意気投合ぶりである。それらの詩は、書きとめるのが面倒くさかったのか、「しげゝれば、例のもらしつ」として、残念ながら記録されていない。

ここは、「例をもらしつ」としたほうがいいのではないかと思うが、萩原本（一七二頁）で、元政上人の直筆草稿を確認すると、「例の」と書いた後、いったん抹消しているが、その右側に再度、「例の」と記しているので、書き誤りではないのであろう。

元政上人は、江戸からの帰路にも、川澄家に立ち寄り、元贇と交流を深めた。九月二十九日の記録に、

廿九日《にじゅうく》、なごやに着く。そのあくる日、元贇子《し》に書を寄す。紙子《かみこ》に詩を添へてをくる。

とあるので、名古屋到着は二十九日であった。その日付の記述に、「あくる日」、すなわち三十日のことも合わせて記されていて、元賛に紙子と詩を送っている。紙子とは、柿渋《かきしぶ》を塗った紙で作った衣服のことである。

二人が再会したのは、十月一日のことであった。その日付の記述には、他の日付とは打って変わって多数の詩のやり取りが記録されている。二日と三日の記述がないのは、二十九日付に翌日のことも合わせて記述されていたのと同様に、その後の二日間のこともまとめて一日付で記録したからであろう。

往路の際の対面と唱和、および帰路の際のやり取りは、他の地に滞在していた時の記述と比べても、詳細を極めている。いろんな人との出会いの中で、詩のやり取りができる元賛との出会いは、格別に喜ばしいことであったのであろう。

名古屋を出立したのは、十月四日であった。

「例の」と書いて抹消し、さらに「例の」と横に書き入れた草稿（隆盛寺蔵）

京と名古屋は、三日ほどの旅路であったようだ。それは、『身延道の記』の次の記録から読み取れる。

八月十三日のつとめて（早朝）、深草のいほり（庵）をいづ。

とあって、八月十五日の記述の末尾に、

夜なかばかりに、名古屋のゆかりのもとに門《かど》うちたゝきて、い（入）る。

とある。「名古屋のゆかり」とは、姉の嫁ぎ先、川澄家のことである。それも、八月十三日の記述に、

母はことし、八十にいまひとつぞたり給はぬ。御よはひ（齢）よりは、わかく見え給へど、立居かよはく、よろぼひたまふを、人傍《かたわら》をはなれず、かゝへたすけものすれば、ひな（鄙）のながぢ（長路）におもむきたまふ心うさ、おもひやるべし。

とあるように、七十九歳の母を伴っての都を離れる長い旅路であった。足取りが心もとなく、介助を必要とする母を同伴して、京より名古屋への道のりは三日がかりであった。壮健な人の場合

であれば、三日よりもう少し短縮されるかもしれない。

名古屋と京都は、二、三日の旅であったことから、二人は、その後も京と名古屋を往復し、交流を重ねた。身延訪問から翌々年には、上人が母を伴って名古屋へ行き、元贇と唱和した。その翌年の寛文二年（一六六二年）の春、元贇が京都へ訪ねてきたが、その時は上人が高槻《たかつき》に滞在中で会えなかった。その後も、元贇は何度も深草に足を運んだ。元贇が京まで赴いた時は、深草の草庵を訪ねたり、元政とその母とともに、元政上人がかつて住んでいた九条の家を訪ねたりして、詩を詠み合ったりした。その家は、河本家から石井家に養子に入った元徳が相続していたというが、その時の詩に「破屋《はおく》、猶《なお》存すと雖《いえど》も　風雨、恃《たの》む可《べ》からず」とあるから、老朽化が著しかったのであろう。共々に詩を唱和しては、『元元唱和集《げんげんしょうわしゅう》』をまとめ、元贇が『艸山要路《そうざんようろ》』や『艸《そう》山集《ざんしゅう》』に序文を寄せ、息子・富士松の教育を元政に依頼するほどであった。「性霊説《せいれい》」を唱える明末の詩人、袁中郎《えんちゅうろう》（一五六八～一六一〇）の詩を読むように勧めたのも元贇であった。

二人が別れる際に、元政は詩を詠んでいる。

送元贇老人十首
其　五
学仏不学禅
解経不解義
読書不読文

元贇老人《げんぴんろうじん》を送《おく》る十首
其の五
仏《ほとけ》を学《まな》びて禅《ぜん》を学《まな》ばず
経《きょう》を解《かい》して義《ぎ》を解《かい》さず
書《しょ》を読《よ》みて文《ぶん》を読《よ》まず

作詩不作字
〔中略〕
遂莫逆於心
相視共如酔
唱和何所似
童子竹馬戯

詩《し》を作《つく》りて字《じ》を作《つく》らず
〔中略〕
遂《つい》に心《こころ》に逆《さか》らふこと莫《な》し
相視《あいみ》て共《とも》に酔《よ》へるが如《ごと》し
唱和《しょうわ》、何《なん》の似《に》たる所《ところ》ぞ
童子《どうじ》、竹馬《ちくば》の戯《たわむ》れ

私が学びたいのは仏のことであって、禅定《ぜんじょう》のことではない。私が理解したいのは経典自体であって、一つひとつの言葉の意味ではない。私が読みたいのは、書物自体であって、個別の文章ではない。私が作りたいのは詩であって、文字なのではない。

このように考えて、私はずっと自分の心に逆らったことはない。そのような私が元贇老人《げんぴんろうじん》とお互いに見つめ合うと、ともに意気投合して熱中してしまうのは、酒に酔っているようなものである。一方が作った詩に応えて、他方が詩を作る唱和において、二人の心が通い合っているのは、何が似たのであろうか？　それは幼い子どもが無心に竹馬の遊びに打ち興じているようなものである――。

このように元政上人は、元贇に対して全く違和感を覚えることがなかった。それだけに元政は、元贇との出会いが過去世からの因縁によるものに違いないという思いを強くした。それほど感動的なものであった。この詩には、次の詩が続いている。

其　六
公本大唐賓
七十六老人
吾少公卅六
才調況非倫
不知何夙世
合如車双輪
不忍漸暫別
作詩涙沾巾

其《そ》の六《ろく》
公《こう》は本《もと》、大唐《だいとう》の賓《ひん》
七十六《ななじゅうろく》の老人《ろうじん》
吾《われ》、公《こう》より少《わか》きこと卅六《さんじゅうろく》
才調《さいちょう》、況《いわん》や倫《みち》に非《あら》ず
知《し》らず、何《なん》の夙世《しゅくせ》ぞ
合《あ》うこと、車《くるま》の双輪《そうりん》の如《ごと》し
暫時《ざんじ》の別《わか》れに忍《しの》びず
詩《し》を作《つく》りて、涙巾《なみだきん》を沾《うるお》す

あなたは、もとは大唐の国からやってこられた賓客であり、七十六歳の経験豊かな人で、私はあなたよりも三十六歳年少の四十歳である。あなたの生まれつきそなえた才能の趣は、他に比べるものがない。

私たち二人にどのような前世があったかは知らないが、意気投合することは車の両輪のようである。しばらくの間の別れにも耐えることができず、漢詩を作り、涙で手ぬぐいを濡《ぬ》らしている――。

元政上人は、対面の回数を重ねれば重ねるほど、過去世からの契りがあったに違いないというほどに元贇との出会いの不思議さに思いを深めていった。しばしの別れであっても、涙をこぼして別れを惜しんだ。

## 元政上人の詩歌

『続近世畸人伝』の三熊花顛の書いた箇所に、

> 花顛、ある人のもとにて上人自筆にかたかんな（片仮名）して書き給ふ日記のはしを見る。その語、平生を見るに足ればこゝに挙ぐ。

と前置きして、何年何月かは触れていないが、その日記から長文を引用している。その中の「十七日」の項で、元政上人は詩歌についての自分の考えを次のように述べている。

> 午後、源氏（物語）須磨《すま》の巻、十三張半紙を読む。僧曰《いわ》く、戒律《かいりつ》を持《じ》するは、養生《ようじょう》なるべきと存ず。予《よ》曰く、何ぞただ、戒《かい》のみならん。八万の法蔵、皆良薬なり。身心の為《ため》に病を治すなり、外のことなし。詩歌の道をよくすれば、即《すなわ》ち定恵《じょうえ》（慧）二法を修するなり。二法を具すること、詩歌の一致なり。己が芸にほこり、人の耳目《じもく》をよろこばしめんとするは、詩

歌の邪路《じゃろ》なり。

上人が『源氏物語』を読んでいたら、ある僧が、「戒律をたもつことが養生になると思う」と言った。それに対して、上人は次のように言った。「どうして戒だけであろうか。八万法蔵と言われるすべての仏典が良薬であり、身と心の病を治すのだ。それ以外のことはないのだ。詩歌の道を正しく行なえば、それがそのまま定《じょう》・慧《え》の二法を実践することになる。その二法をそなえていることは、詩歌にとって一致していることなのだ。自分の技能を自慢し、人に見せたり聞かせたりして喜ばせようとするのは詩歌の邪道である」と――。

ここでも、詩歌の道を「戒・定・慧の三学」の一環として位置づけている。

このような考えの根源を探っていくと、次の『法華経』法師《ほっし》功徳品《くどくほん》の一節に行き当たる。

諸《もろもろ》の所説の法、其《そ》の義趣に随って、皆、実相と相違背《あいいはい》せじ。若《も》し俗間《ぞっけん》の経書、治世《じせい》の語言《ごごん》、資生《ししょう》の業《ごう》等を説かんも、皆、正法に順ぜん。

（拙訳『梵漢和対照・現代語訳　法華経』下巻、三四〇頁）

日蓮聖人は、この一節と、それについて注釈した天台大師の言葉を踏まえて、『減劫御書《げんごうごしょ》』で次のように言っている。

法華経に云《いわ》く「皆実相と相違背せず」等云云《うんぬん》。天台之《これ》を承《う》けて云く「一切世間の治生産業《じしょうさんごう》は皆実相と相違背せず」等云云《うんぬん》。智者とは世間の法より外《ほか》に仏法を行《おこな》ず。世間の治世の法を能《よ》く能く心えて候《そうろう》を智者とは申すなり。

智者と言われる人は、仏法を世間の法とかけ離れたものとしてとらえることはない。世間における一切の生産・創造の活動は、仏の覚られた真実の在り方と矛盾・対立するものではないのだ。世間の治生産業の法をよく心得る智慧と、仏法の智慧とは矛盾しない。

それは、如来の十種類の別称（十号《じゅうごう》）の一つに「世間解《せけんげ》」、すなわち「世間のことをよく知りぬいている人」があることと同じことである。

また、『白米一俵御書《はくまいいっぴょうごしょ》』でも、

まことのみちは世間の事法にて候《そうろう》。金光明経《こんこうみょうきょう》には「若《も》し深く世法《せほう》を識《し》らば即《すなわ》ち是《こ》れ仏法なり」ととかれ、涅槃経《ねはんきょう》には「一切世間の外道《げどう》の経書は皆是れ仏説にして外道《げどう》の説に非ず」と仰《おお》せられて候を、妙楽大師は法華経の第六の巻の「一切世間の治生産業は皆実相と相い違背せず」との経文に引き合せて心をあらわされて候には、彼《か》れ彼《が》れの二経は深心の経経《きょうぎょう》なれども、彼の経経は、いまだ心あさくして法華経に及ばざれば、世間の法を仏法に依《よ》せてしらせて候。法華経はしからず。やがて世間の法が仏法の全体と釈せられて候。

世間法《せけんほう》（世法《せほう》）と仏法《ぶっぽう》に二分して、世間法は仏法のためには手段であるかのように言われているが、世間法は目的なのであり、それが『法華経』の思想なのだと、日蓮聖人は言っている。仏法は、世間の法と切り離されてあるのではなく、仏法と世間法は不即不離である。

　京都の法華衆《ほっけしゅう》と言えば、元政上人だけでなく多くの文学者、芸術家たちの名前が思い浮かぶ。狩野元信《かのうもとのぶ》（一四七六〜一五五九）、長谷川等伯《はせがわとうはく》（一五三九〜一六一〇）、本阿弥光悦、尾形光琳《おがたこうりん》（一六五八〜一七一六）、尾形乾山《おがたけんざん》（一六六三〜一七四三）、俵屋宗達《たわらやそうたつ》、松永貞徳、宝井其角《たからいきかく》、山本春《やまもとしゅん》正《しょう》（一六一〇〜八二）……、いずれも法華衆の芸術家や俳人である。こうした芸術家を法華衆が輩出した理由は、上記の『法華経』や、日蓮聖人の思想に由来するのであろう。

# 第二章　元政上人の漢詩

## 戒・定・慧の三学の一環

元政上人は、性霊派の詩人として第一人者であった。その作品は、『艸山集』三十巻のうち巻十四から巻二十四までのすべてが詩篇で、千二十篇近くが収められている。これに、陳元贇《ちんげんぴん》と競い合うように唱和して、四十一歳の時に出版した漢詩集『元元唱和集《げんげんしょうわしゅう》』(一六六三年、萩原本の五〇頁を参照)などの作品を加えたらたいへんな数になる。

揖斐高《いびたかし》博士(一九四六〜)は、古典講演シリーズ『芭蕉と元政』(国文学研究資料館)において「性霊説に基づいて詩を詠むことの意義・効用を、元政は『元贇に与ふる書』(『艸山集』巻三)という文章の中で明らかにしています」(一一五頁)として、その一節を引用している。それは次の箇所である。

山野《さんや》、仏に事《つか》ふるの暇、興《きょう》有れば則《すなわ》ち詩を吟《ぎん》ず。事に触れて楽しみ多し。鬱《うつ》して吟ずるときは則ち暢《の》び、憂《うれ》へて吟ずるときは則ち平《たい》らかに、困《こん》じて吟ずるときは則ち蘇《よみがえ》り、病《や》みて吟ずるときは則ち醒《さ》む。豈《あ》に徒《た》だ是《これ》のみならんや。我が心の端《はし》無《な》き、刹那《せつな》も省みざれば鄙吝《ひりん》即ち生ず。心に動いて声に発《あら》はる。我が奢摩他《しゃまた》・毘鉢舎那《びばしゃな》を除きて、以《もっ》て我が志を見る可《べ》く、以て我が情を見る可き者は、惟《た》だ詩のみ。

山野〔の田舎者である私〕は、仏に仕えている時も趣深いことがあれば、詩を吟じて折に触れて楽しみが多い。気分が滅入っている時は伸びやかに、憂いにとらわれている時は心穏やかに、動きがとれず苦しい時は蘇り、病の時は迷いをはらって意識をはっきりとさせる。それだけではない。私の心が無限大であることを瞬時でも省みることがなければ、貧しく賤しい心が生じてしまう。心の在り方に応じて声が発される。私にとっての奢摩他（śamatha）、すなわち心の動揺をとどめて本源の真理に住すること、また毘鉢舎那（vipaśyanā）、すなわち本源の真理に住して、事物をありのままに正しく観察すること、この二つを除いて、自分の意志や、感情をありのままに観察させてくれるものは詩以外には存在しないのだ――。

この文章を初めて読んだころ、筆者は「山野」を文字通り「山や野」と理解していたが、陳元贇にあてた手紙に「山野は釈氏の教え（仏教）を学ぶ者なり」「山野が足下《そっか》に於《お》ける」「山野が若《ごと》き林下《りんげ》（在野のお寺）の病僧」などといった表現で「山野」という二文字が頻出していて、二人称代名詞のように用いられた「足下」に対して、元政上人自身を意味する謙遜《けんそん》した一人称代名詞として用いられていることに気づいた。

奢摩他も毘鉢舎那も、それぞれサンスクリット語の「シャマタ」「ヴィパシャナー」を音写したもので、それぞれ「止《し》」「観《かん》」と漢訳された。合わせて「止観」、心の動揺をとどめて、ものごとをありのままに観察することである。その実修方法を詳述したのが天台大師の『摩訶止観』である。従って、上人は詩を吟ずることに『摩訶止観』に述べられたことを実践することと同等の意義を見いだしていたのである。その『摩訶止観』の序に、「説己心中所行法門《せっこしんちゅうしょぎょうほうもん》」（己心《こしん》の中に行ずる所の法門を説く）とある。上人も、己心の中に行ずるところの思いを詩として表現していたといえよう。それは、和歌についても同じであろう。

それは、林左馬衛《はやしさまえ》氏（一九三二〜二〇〇四）が「釈元政の文学における心と狂」という論文で論じていることからも察することができる。林氏は、上人が『艸山和歌集《そうざんわかしゅう》』の冒頭に、「春たつこころを」と前置きして、

凍りゐし野なかの清水うち解けてもとの心にかへる春かな

という歌を置いていることに注目し、さらには同和歌集百五十首のうち、

身をさらぬ心を友と定めずば猶《なお》もすむべき山のおくかは

こころにも及ばぬものは何かあると心にとへば心なりけり

など、二十一首に「心」という言葉を使用していることを指摘して、「この撰者が、毎日を『心』とむき合って暮していた人物であった——という事実をおのずから表白している和歌としてみる」と結論している。それは、「己心の中に行ずる所の法門を説く」という在り方からすれば当然の帰結であったと言えよう。

以上のことを踏まえると、『艸山集』巻十一の「吟詠一」で、

僧の業《ごう》とする所は惟《た》だ戒《かい》・定《じょう》・慧《え》にして、吟詠も亦《ま》た慧の一事なり。凡《およ》そ僧たる者、須《すべから》く三学の中に遊戯《ゆげ》すべし。其《そ》の佗《た》は何をか言はんや。

と述べていることも理解できる。上人にとって、詩を詠み吟ずることは、戒・定・慧の三学の一環であったのである。

## 性霊説に基づく文章論

元政上人が性霊説に基づいて文章論を記した一節がある。それは、「李《り》梁谿《りょうけい》が酒を戒《いましむ》る詩に

和す」と題する四十歳にして詠んだとされる詩の序文に「余《よ》、嘗《かつ》て人に答うる書に漫《みだ》りに文章を論じて曰《いわ》く」と前置きして、再録した次の持論である。

所謂《いわゆる》「徳有る者は、必ず言《こと》有り。言有る者は必ずしも徳有らず」。蓋《けだ》し性霊《せいれい》より流るる者は、徳有るの言なり。模擬《もぎ》より出《い》づる者は、必ずしも徳有らざるの言なり。性霊より流るる者は、或《ある》いは整斉《せいせい》ならずと雖《いえど》も痕《あと》無し。模擬より出る者は是《こ》れ整斉なりと雖も、未《いま》だ必ずしも痕無くんばあらず。余《よ》、文章を知らずと雖も、此《こ》の二つの者に於《お》いて暗中模索《あんちゅうもさく》しても、亦《また》知《し》んぬべし。何となれば、言は則《すなわ》ち心の跡《あと》なり。跡に因《よ》りて心を求むれば、中《あた》らずと雖も遠からじ。此《こ》れに由《よ》りて之《これ》を言えば、世の文章を好む者の、道徳を本《もと》とせずして、徒《いたずら》に古人の唾《だ》余《よ》を拾《ひろ》いて以《もっ》て巧《たく》みを得たりと為《す》るは恥《は》ずべきの甚《はなは》だしきなり。

これは、次のように現代語訳できよう。

『論語』に「人格の勝れた人は、必ず勝れた言葉を語る。しかしながら、勝れた言葉を語るからといって、その人が人格の勝れた人だとは限らない」とある。考えてみると、己心《こしん》に感じた真情（性霊《せいれい》）から流出してきたものは、人格の勝れた人の語った言葉に当たり、古典をまねて技巧を凝らしたもの（模擬）から流出してきたものは、人格の勝れていない人の語った言葉に相当している。己心に感じた真情（性霊）から流出してきたものは、文章として整っていないところがあったとしても、技巧に走ったところがない。古典をまねて技巧を凝らしたもの（模擬）から流出してきたものは、文章としては整っているかもしれないが、必ずしも技巧に走ったところがないとはいえない。私は、文章のことはよく分からないが、これらの二つの違いについては、暗闇の中で、手さぐりしてあれこれ探し求めることで知ることができるであろう。なぜかと言えば、言葉というものは心の思いが表われた痕跡《こんせき》である。その痕跡によって心の思いを探し求めれば、的中することがないとしても、それほど外れることはない。このようなことから結論すれば、世の中の文章を書くことをよくする者が、人間として守り従うべき善悪の規範に基づかず、無益に昔の人の言葉の一端（唾余）を拾い出して、受け売りしてうまく表現できたと思うのは最も恥ずべきことである。

元政上人は、この一節をその序文に再録したのに続けて、その年の七月に長崎からやってきた書籍商から手に入れた、宋の李忠定《りちゅうてい》（李梁谿《りりょうけい》）という人の文集の序文にあった次の文章論を引用して、大いに共感したことを綴っている。

君子《くんし》の文《ぶん》は本《もと》を務《つと》め、道徳《どうとく》・仁義《じんぎ》を淵源根底《えんげんこんてい》して、粋然《すいぜん》として一《いつ》に正《せい》に出《い》づ。其《そ》の高《たか》き者《もの》は造化《ぞうか》を裨補《ひほ》し、大猷《たいゆう》を黼黻《ほふつ》す。星辰《せいしん》の天《てん》に麗《つ》いて光彩下《こうさいしも》に燭《て》らし、山川《さんせん》の雲《くも》を出《いだ》して風雨時《ふううとき》に至《いた》り、英茎韶護《えいけいしょうご》の神人《しんじん》に諧《かな》い、菽粟《しゅくぞく》・布帛《ふはく》の人《ひと》の饑寒《きかん》を済《すく》うが如《ごと》し。此《こ》れ所謂《いわゆる》「徳有《とくあ》る者《もの》は必《かなら》ず言有《ことあ》るなり」。小人《しょうじん》の文《ぶん》は末《まつ》を務《つと》む。雕虫篆刻《ちょうちゅうてんこく》、絺章絵句《ちしょうかいく》、以《もっ》て人《ひと》の耳目《じもく》を悦《よろこ》ばしめんことを祈《もと》む。其《そ》の甚《はなは》だしき者《もの》は朋姦《ほうかん》・飾偽《しょくぎ》・善良《ぜんりょう》を中害《ちゅうがい》す。丹青《たんせい》を以《もっ》て糞土《ふんど》に被《こうむ》らしめ、錦繍《きんしゅう》を以《もっ》て陥穽《かんせい》を覆《おお》い、羊質《ようしつ》にして虎皮《こひ》、鳳鳴《ほうめい》にして鷙翰《しかん》なるが如《ごと》し。此《こ》れ所謂《いわゆる》「言《こと》有《あ》る者《もの》は必《かなら》ずしも徳《とく》有《あ》らざるなり」。

これは、次のように現代語訳することができよう。

人格の勝れた人は、ものごとの本源を極めることに勤め、道徳・仁義の淵源と根底に精通しているので、その文章は混じりけがなく、ひとえに偏りのないものとして表出されるのである。その文章の高潔なものは、天地自然の理を補足し、人としての大きな道を美しく彩るものである。日月や星々が天空にあって美しく輝く光で下方を照らし、山や川が雲を生じて時に応じて風雨をもたらし、古代中国の偉大な帝王の時代の音楽が神や人の心を和らげ、豆や穀物、織物が飢えや寒さから人々を救ってくれるようなものである。これが、『論語』に言うところの「人格の勝れた人は、必ず勝れた言葉を語る」に相当しているのだ。それに対して、取るに足りない人間は、些末《さまつ》なことにあくせくとして、細かい部分の技巧にこだわって飾り立てた文章や、きれいに飾り立てた語句や文章を用いて、人の耳や目を喜ばせようとする。それが行き過ぎると、共謀して悪事をはたらいたり、見せかけだけ飾り立てて詐欺《さぎ》を行なったりして、善良な人々に害を及ぼすのだ。それは、絵具を塗って腐った汚い土を覆い隠してしまったり、錦《にしき》と刺繍《ししゅう》を施した織物で落とし穴を覆ったり、羊が虎の皮をかぶり、鷲《わし》が鳳凰《ほうおう》の鳴き声をまねて飛ぶようなものである。このようなことは、『論語』の言うところの「勝れた言葉を語るからといって、その人が人格の勝れた人だとは限らない」に相当しているのである。

以上の文章を引用して、元政上人は、『論語』の同じ一節を引いて自分が論じていたことと偶然にも手形のように符合していると述べ、まるで自分のことをよく理解してくれている人と千年に一度出会った思いであると感慨を綴っている。

その書を読んでは感嘆し、感嘆しては読み、一晩中眠ることはなかったと記し、李梁谿の「酒を戒むる詩」を基にして韻を次いで、自らを戒め、同志に贈る漢詩を詠んでいる（その詩は、『艸山集』巻十四に収められているが、ここでは省略する）。

己心に感じた真情（性霊）を重んずるか、技巧を重んずるかといった議論は、古来、洋の東西を問わず繰り返されてきた。技巧派は、「技巧なくして、どうして詩があり得るのか?」と問う。それに対して、「己心に感じた真情（性霊）なくして、どうして詩があり得るのか?」と反問しなければならない。己心に感じた真情（性霊）があってはじめて、技巧の出番があるのであって、その逆ではない。

両者は不可欠なものだが、あくまでも性霊が根本で、技巧は手段である。これは単純に考えても明白な事実であるが、ほうっておくと、いつの世にも技巧派が跋扈《ばっこ》し始めるから、改めて性霊説が強調されなければならないのであろう。

元政上人は、同様のことを次の漢詩にも詠んでいる。

信筆

其二
跂智愈長愚
勤巧更増拙
耐愛児童歌
無節還有節

其三
春水文空麗
夏雲峰自奇
若離思議至
始可与言詩

筆《ふで》に信《まか》す

其の二
智《ち》を跂《くわだ》つれば、愈《いよいよ》愚《ぐ》を長《ちょう》じ
巧《こう》を勤《つと》むれば、更《さら》に拙《せつ》を増《ま》す
愛《あい》するに耐《た》えたり児《じ》童《どう》の歌《うた》
節《ふし》無《な》くして還《かえ》って節《ふし》有《あ》り

其の三
春水《しゅんすい》、文《あや》空《むな》しくして麗《うる》わし
夏雲《なつぐも》の峰《みね》、自《おの》ずから奇《き》なり
若《も》し思議《しぎ》を離《はな》れて至《いた》らば
始《はじ》めて与《とも》に詩《し》を言《い》う可《べ》し

智慧があるかのように背伸びすれば、愚かであることがなお一層甚だしくなる。巧みであろうとして精を出せば、さらに拙さが増すだけである。かけがえのないものとして愛おしむに値するのは、素直で作為のない子どもの歌である。子どもの歌には、節がないようで、かえって節があるのだ。

春がきて、氷や雪がとけて流れる豊かな水は、外面を飾り立てるものは何もなく、美しいものである。山の峰のようにそそり立っている夏の入道雲は、自然のなすがままに不思議で珍しい形をなしている。あれこれと思議することを離れて、あるがままの自然の行き着くところに至って初めて、ともに詩を詠むことができるのだ――。

## 心の思いを平易に表出した詩

元政上人の文章論は、以上のようなものであるが、心の思いをありのままに平易に表出する自らの詩作の在り方について述べた詩を挙げると次のものがある。

中国・唐代の天台山国清寺《こくせいじ》に寒山《かんざん》・拾得《じっとく》という二人の詩人がいた。その『寒山詩集』の末尾に収録された拾得の五十八首すべてについて、詩の形式や韻字、その順番を全く踏襲して上人は、寛文《かんぶん》六年（一六六六年）八月下旬、翌年亡くなる病床の母の看病のかたわらで、作品をまとめた。それは、同八年に『聖凡唱和《しょうぼんしょうわ》』と題して出版された。次の詩は、その五十八首のうちの第九首「我が詩、是《こ》れ詩なり。有人《あるひと》、喚《よ》びて偈《げ》と作《な》す」で始まる拾得の詩に対する次韻の詩である。

次拾得韻　　拾得《じっとく》の韻《いん》を次《つ》ぐ

我詩非是詩　　我《わ》が詩《し》、是《こ》れ詩《し》に非《あら》ず

亦勿喚作偈
只吐方寸心
推敲不須細
欲訓我童蒙
文字要平易
此不為吟哦
唯為一大事

亦《また》、喚《よ》びて偈《げ》と作《な》すこと勿《なか》れ
只《ただ》、方寸《ほうすん》の心《こころ》を吐《は》く
推敲《すいこう》、細《こま》かにすることを須《もち》いず
我《わ》が童蒙《どうもう》に訓《くん》ぜんと欲《ほっ》す
文字《もんじ》、平易《へいい》を要《よう》す
此《こ》れ吟哦《ぎんが》の為《ため》にせず
唯《ただ》、一大事《いちだいじ》の為《ため》にす

拾得が自分の詩を「詩」と言い、ある人が「偈《げ》」（経典の中に収められている詩）と呼んでいると書いているのに対して、元政上人は、「私の詩は、いわゆる詩ではない。また、偈ととらえてもならない」――「それはもったいないことである」と言わんばかりに自らを謙遜した書き出しで始まっている。それは、拾得に対する皮肉とも受け取れる。

私の詩は、ただ、一寸四方のちっぽけな心の思いをそのまま吐き出しただけであって、文章表現の詳細について推敲《すいこう》することはない。私のもとにいる若い修行僧に教え諭したいと思っているので、言葉や文章を平易にする必要があるのだ。それは、人に吟詠してもらうためになしているのではなく、あらゆる衆生に仏知見《ぶっちけん》を開き、示し、悟らせ、入らせるという『法華経』方便品《ほうべんぽん》の「一大事因縁《いちだいじいんねん》」にのっとって、覚りに導くためになしている――というのである。

これを読むと、偏狭なアカデミズムやセクショナリズムを最も嫌っていた東京大学名誉教授の

中村元《はじめ》先生（一九一二〜一九九九）が、常日頃から、

日本には、分からないことが有り難いことだとする変な思想があります。分からないことが学問的なのではなく、だれにでも分かりやすいことが学問的なのです。

と語って、平易な言葉で仏典を現代語訳し、〝人間ブッダ〟の実像を浮き彫りにしておられたことが思い出される。

ここに「推敲、細かにすることを須いず」とあるが、それでは、元政上人は全く推敲していなかったのかというと、萩原本の九七頁に和歌を推敲したあとを示す草稿が収録されている。それは、次の通りである。

（初　案）とゞまらぬ花をうしとや鶯の声さへまれにはては成《なる》らん
（添　削）をしめどもとまらぬ花を鶯のうらみかねてや声のともしき
（添　削）なけどなほとまらぬ花を鶯のをしみよはりて声のともしき
（決定稿）なけどなほとまらぬ花を鶯のうらむか声やまれになりゆく

これは、花が散っていて、そこに鶯の鳴き声が聞こえていたが、次第に聞こえなくなっていくという場面を詠《うた》ったものだ。花が散るのを惜しんでいるのは、本当はほかならぬ元政上人自身で

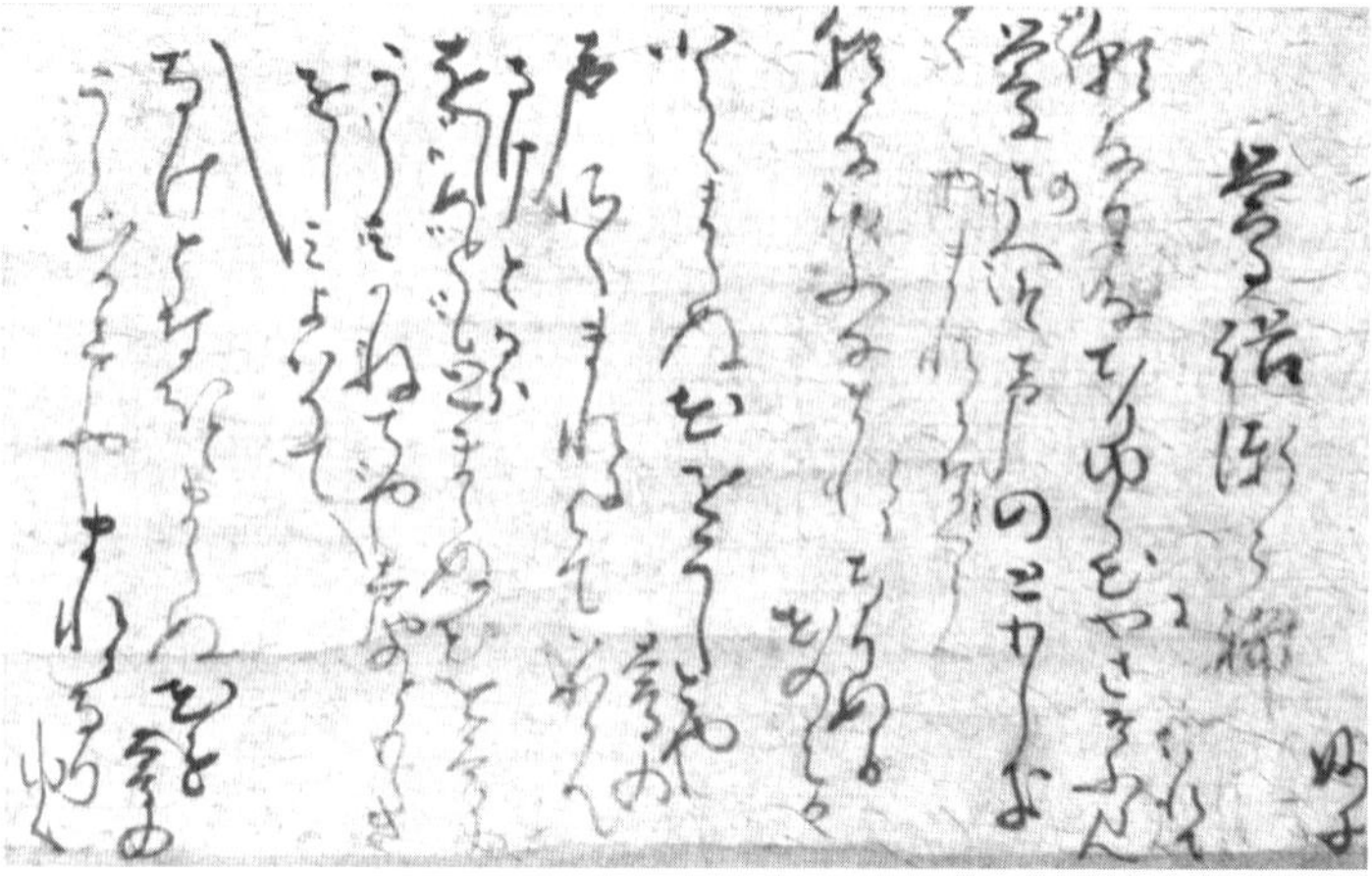

和歌の推敲の跡を記した墨蹟「鶯漸漸啼稀」(隆盛寺蔵)

ある。その思いを鶯の鳴き声に反映させて表現した歌だ。いくら鶯が鳴いても、花は散ることをやめない。鶯の鳴き声も次第にまれになっていく。初案では、単に鳴き声がまれになっていく事実が描写されている。第二案では、花が散るのを鶯が「恨みかねたことで」鳴き声がまれになったとした。第三案は、鶯が「惜しむのが弱くなって」鳴き声がまれになったとした。三度の推敲を経た決定稿は、鶯が「恨んでいるのか」鳴き声がまれになってゆくとした。このように同一の場面でありながら、鶯の鳴き声がまれになっていく原因について種々に表現を変えて試みている。このような推敲を経て、最終稿は次のような意味になっている。

花が散るのを悲しんで、鶯が鳴いている。けれども、花が散ることは止まることがない。そのようにつれない花を鶯が恨んでいるのであろうか。鶯の鳴き声が次第にまれになっていく。

これは、散る花に対する上人の思いを、鶯の鳴き声の変化を通して表現したものだが、最終稿が最も平易で味わい深いものになっている。

ということは、技巧を凝らす推敲をなすことはなかったが、より平易な文章とするための推敲はなしていたといえよう。以上は、和歌の場合であるが、漢詩の場合も変わることはなかったであろう。

元政上人が「只、方寸の心を吐く」ことによって、平易な文章で作った詩の中から筆者が最も気に入っている詩を、ここに挙げよう。

元政上人が、深草の草庵に住み始めたのは明暦《めいれき》元年（一六五五年）の晩秋であった。年が明けて、上人が三十四歳になった元旦に作った詩である。それは、池上本門寺の貫主となって、京都を去った師の日豊上人との別離の直後のことである。

新　居

新居人未知
春独偶然来
洗鉢覚泉暖
転径試日遅

新《しん》　居《きょ》

新居《しんきょ》、人《ひと》未《いま》だ知《し》らず
春《はる》独《ひと》り、偶然《ぐうぜん》に来《きた》る
鉢《はち》を洗《あら》いて泉《いずみ》の暖《あたた》かきを覚《おぼ》え
径《みち》を転《てん》じて日《ひ》の遅《おそ》きことを試《こころ》む

靄雲閉幽戸
芳艸出疎籬
松竹得其所
林丘雪解時

靄雲《あいうん》、幽戸《ゆうこ》を閉《と》ざし
芳艸《ほうそう》、疎籬《そり》に出《い》づ
松竹《しょうちく》、其《そ》の所《ところ》を得《え》たり
林丘《りんきゅう》、雪解《ゆきと》くるの時《とき》

深草の地に新たに住み始めたことを誰も知るものはなく、思いもかけずに訪ねてくるのは春のみである。食後に鉢を洗っていると、泉の水が温《ぬる》んできたことを知り、日ごろ通う道を変えて〔遠回りしてみて〕は日が長くなったのではないかと試し、雲のようにたなびく靄《もや》が人里離れた庵をおおい、よい香りのする草花が疎《まば》らな垣根に生じ、松や竹は、厳しい寒さの中にあっても青々として色褪せず、自らのあるべき所を得て存在感を示している。周囲の林や丘に降り積もっていた雪が解ける時がやって来たようだ――。

これは、庵周辺の情景描写であるとともに、師と離れて、深草に移り住んだばかりの元政上人自身に自信がみなぎってきている心象風景でもあるようだ。

深草に移り住んだのは、晩秋のことで、すぐに厳しい冬を迎えた。京都南部の山城のように四方を山岳に囲まれたところは、厳冬のころは底冷えがして寒さが厳しい。雪も多い。上人は、雪深い深草の冬を次のような和歌に詠んでいる。

さびしさも今朝こそまされ嵐だにまつに音せぬ雪の山里

「まつ」は、「待つ」と「松」の掛詞になっている。寂しさが募るのは今朝がもっとも著しい。嵐が吹いたとしても、松に吹く風の音もせず、だれかが訪ねてくるのを待っていても人が訪れることもない——。そんな雪深い山里に庵はあった。

その厳しい冬を乗り越えた。独り立ちした不安を乗り越えたという思いが、元政上人にはみなぎっていたのであろう。それは、日蓮聖人の

法華経を信ずる人は冬のごとし。冬は必ず春となる。

(『妙一尼御前御消息《みょういちあまごぜごしょうそく》』)

という言葉と重なってくる。

元政上人は、「深草の里にすみなれてのち」と前置きして、次の和歌を詠んでいる。

すまでやは霞《かすみ》も霧もをりをりのあはれこめたる深草の里

この歌から、元政上人が、深草の里での生活に「もののあはれ」を味わい楽しむようになっていることがわかる。すなわち、この地に住まずにいられようか、いや住まずにはいられない。折々に霞や霧がかかって、しみじみとした趣が立ち込めている深草の里である——という思いを詠っている。漢詩「新居」を書いた後、深草で暮らしながらさらに充実した思いに包まれていいっ

延宝二年（1674 年）に刊行された
村上勘兵衛版『艸山集』15 冊（隆盛寺蔵）

たことが読み取れる。

この訳文で筆者が、「径を転じて」としているところは、上野洋三氏の『石川丈山・元政』（二〇〇頁）、日蓮宗全書出版会編『標註　艸山集』（一九一一年）の影印復刻版である梅本正雄編『標註　艸山集』（二三一頁）、姉崎正治編『彙編　艸山詩集』上巻（三四二頁）のいずれにおいても「経《きょう》を転じて」となっている。「経を転ずる」は、「経を読誦《どくじゅ》する」という意味である。それは、出家者としての日々の勤めであり、これでは日常と変わらないことになり、「試む」という言葉とかみ合わない。どうにもおかしいと思っているところで、紀野一義（一九二二〜二〇一三）著『名僧列伝（四）――一遍・蓮如・元政・辨榮聖者』（一七六頁）を目にした。そこには、「径を転じて」とあった。紀野氏は、同書に東京・日暮里の本行寺所蔵の「寛文三年刊の『艸山集』を披見することができた」（一七〇頁）と記している。『艸山集』が刊行されたのは延宝二年（一六七四年）のことで、村上勘兵衛版と呼ばれている。寛文三年（一六六三年）にはまだ出版されていないはずだ。平塚隆盛寺収蔵のその村上勘兵衛版を萩原是正師に確認していただいたが、「経」となっている。紀野一義氏がどうして、「径」とされたのか理由が分からない。

糸偏とするか、行人偏とするかの違いだが、これは転写段階の誤写ではないだろうか。元政上人も『艸山集』巻二十九の「慈忍に与ふる書」で、「転写して誤りを伝へんこと」について、次のように指摘している。

人、常に果を以《もっ》て呆に作り、旦を且に作り、密を蜜に作るが如《ごと》き、此《こ》の類《たぐ》ひ計《かぞ》ふべからず。而《しか》も直ちに読みて疑はざる者多し。豈《あ》に寝と寢とを訝《いぶか》る者あらんや。

この場合も、版木に転写する際に「径」を「経」と誤写されたのではないだろうか。「径を転じて」としたほうが、味わいがある。日ごろ通いなれた道を変えるとしたほうが、「試む」と合致する。従って、筆者は「径を転じて」に改めた。

これは、三十四歳の時の詩だが、元政上人の心にみなぎってくる揺るぎない自信が、周囲の情景に重ねて、身近なことを通して平易な言葉と文章で表現されているのがよくわかる。

そのような上人にとって、既に述べたように、三十七歳にして陳元贇と出会ったことは詩作の在り方に大きな影響をもたらすことになった。元贇から勧められた袁中郎《えんちゅうろう》の詩を読むだけでなく、『袁中郎全集』全四十巻を購入して読みふけった。その時のことを上人は、次のように詩にまとめている。

対　燈　　燈《ともしび》に対《たい》す

病来耿不寐
対燈背佳月
臥読袁中郎
欣然摩短髪
影暗呼添膏
灼々花新結

病来《びょうらい》、耿《こう》として寐《い》ねられず
燈《ともしび》に対《たい》して、佳月《かげつ》に背《そむ》く
臥《ふ》して袁中郎《えんちゅうろう》を読《よ》み
欣然《きんぜん》として短髪《たんぱつ》を摩《な》づ
影暗《かげくら》くして呼《よ》びて膏《あぶら》を添《そ》ふれば
灼々《しゃくしゃく》として花新《はなあら》たに結《むす》ぶ

〔以下、二十六行を省略〕

病のために気持ちが落ち着かず眠ることができない夜、名月に背を向けて、消え入りそうな燈明に油をつぎ足しながら、横になって『袁中郎全集』を読みふけり、喜びに包まれている上人の姿が彷彿《ほうふつ》としてくる。袁中郎も二十七歳で官吏の職務に就き業績を積むが、性格的に官吏という職が肌に合わず、三十歳で辞職、江南《こうなん》を遊歴して郷里に帰った。高僧らとも交流をもっている。その後、心身の病を患い、隠遁《いんとん》と出仕を繰り返しつつ四十二歳という若さで亡くなった。元政上人にとって、袁中郎のそのような生涯に共感するところもあったのであろう。

その詩論は、既に名前を挙げた通り、「性霊説」と言われ、過去の詩人の作品の格調を模倣するのではなく、己心《こしん》に感じた真情（性霊《せいれい》）を素直に吐露《とろ》することを重視するものであった。そのため技巧的でなく、平易で分かりやすい作品が多い。

上人は、その袁中郎の詩に和して詩を作り、文章論を表明することも行なっている。

春夜不寝、戯和
袁中郎漸々詩

春水漸々深
高岩漸々卑
百花漸々満
円月漸々虧
学者漸々繁
道人漸々稀
文章漸々盛
真風漸々衰
仏儒博稽古
禅誦亟失時
舎己欲随物
物反与己離
太末不泊惔
雅俗自参差
請息諸縁務

春夜《しゅんや》寝《い》ねず、戯《たわむ》れに袁中郎《えんちゅうろう》が
漸々《ぜんぜん》の詩《し》に和《わ》す

春水《しゅんすい》、漸々《ぜんぜん》に深《ふか》く
高岩《こうがん》、漸々《ぜんぜん》に卑《ひく》し
百花《ひゃっか》、漸々《ぜんぜん》に満《み》ちて
円月《えんげつ》、漸々《ぜんぜん》に虧《か》く
学者《がくしゃ》、漸々《ぜんぜん》に繁《しげ》く
道人《どうじん》、漸々《ぜんぜん》に稀《まれ》なり
文章《ぶんしょう》、漸々《ぜんぜん》に盛《さかん》にして
真風《しんぷう》、漸々《ぜんぜん》に衰《おとろ》う
仏儒《ぶつじゅ》、博《ひろ》く古《いにし》えを稽《かんが》え
禅誦《ぜんじゅ》、亟時《しばしばとき》を失《うしな》う
己《おのれ》を舎《す》てて物《もの》に随《したが》わんと欲《ほっ》すれば
物《もの》、反《かえ》りて己《おのれ》と離《はな》る
太末《だま》、惔《ほのお》に泊《とど》まらず
雅俗《がぞく》、自《おの》ずから参差《しんし》
請《こ》う、諸《もろもろ》の縁務《えんむ》を息《や》めて

## 長随天人師

## 長《なが》く天人師《てんにんし》に随《したが》わん

春になり川が増水して次第に深くなってくると、その分、高くそそり立つ岩が次第に低くなってくる。多くの花々が咲いて次第に一面に満ちてくると、満月が次第に欠けてくる。それと同じように、知識を学ぼうとする人は、次第に増えているが、仏道を修行する人は次第に少なくなってきた。

文章を書き連ねることは次第に盛んになってきたが、真の風雅を書き連ねることは次第に衰えている。仏教の研究者たちは、博識にして古い書物を読んで学んではいるが、肝心の禅定と読経については、しばしば時を逸しておろそかにしている。

ものごとに執着する己《おのれ》を捨てて、宇宙に存在する森羅万象《しんらばんしょう》に従おうとすると、森羅万象は逆に己から遠ざかってしまう。

五月ごろに群がり騒ぐ五月蠅《さばえ》（太末虫）も、炎の中だけにはとどまることがない。（人もまた、真の風雅にはとどまろうとしないものである。）優雅であることと、俗っぽいこととは、おのずから入り混じっていて紛らわしい。世俗における諸々の雑用をやめて、神々と人間の師（天人《てんにん》師《し》）であるブッダの教えに末長く従うことを願っている——。

ここには、あることが盛んになってくるのに伴い、その一方で他のことが失われ、衰えていくという自然現象を引き合いに出して、文章表現の形式面が重視されるようになるにつれて、その一方で、そこに込める心が失われていることを嘆いている。性霊説の考えに従って詩を作った袁中郎の作品を読めば読むほど、その隔たりを痛感したのであろう。

## 動植物を詠む

元政上人は、植物や、動物、昆虫などをテーマとした詩も残している。

白蓮

花中唯独妙
塵外与誰倶
高潔雖無比
馨香徳不孤
清涼阿耨達
池上玉玲瓏
砌見曼陀雨
今日東林社
看花対遠公

白《びゃく》蓮《れん》

花中《かちゅう》、唯《ただ》独《ひと》り妙《みょう》
塵外《じんがい》、誰《だれ》と倶《とも》にせん
高潔《こうけつ》、比《くら》ぶるもの無《な》しと雖《いえど》も
馨香《けいこう》、徳孤《とくこ》ならず
清涼《しょうりょう》たり、阿耨達《あのくだつ》
池上《ちじょう》、玉玲瓏《ぎょくれいろう》
砌《みぎり》には曼陀《まんだ》の雨《あめ》を見《み》る
今日《こんにち》、東林《とうりん》の社《しゃ》
花《はな》を看《み》て遠公《おんこう》に対《たい》す

白蓮華《びゃくれんげ》は、すべての花の中で唯一、「妙」とされ、最も勝れたものである。俗世間の外においても、いったい誰と比べて等しいとすることができようか。その高潔さは、比べるものがないと言っても、かぐわしいよい香りが遠くまで及ぶように、本当に徳のある人は、孤立することはなく、よき理解者に恵まれるのだ。

ヒマラヤ（雪山《せっせん》）の北のアナヴァタプタ（阿耨達《あのくだつ》）龍王の棲む池から流れる水は清く澄んで冷たい。池の水面は、玉のように透き通っていて美しい。水際には、天上に咲くマーンダーラヴァ（曼陀羅華《まんだらけ》）の花の雨が降ってくるのが見える。

白蓮華の花を見て、私は今、廬山《ろざん》の北西麓に位置する東林寺《とうりんじ》に住んで白蓮社を結成した慧遠《えおん》（三三四〜四一六）に向かい合っているのだ――。

インドにおいて、蓮華はすべての花の中で最も清らかで、めでたいものとして愛でられている。その中でも純白の花を咲かせる白蓮華は、最も勝れたものとして重視されている。そのように重視されている白蓮華が、最も勝れた経典とされる『法華経』のタイトル「サッダルマ・プンダリーカ・スートラ」に用いられている。それは、「白蓮華（プンダリーカ）のように〔最も勝れた〕正しい教え（サッダルマ）の経（スートラ）」を意味している（拙著『思想としての法華経』第二章参照）。

日本で、蓮華は死と関連付ける傾向があり、日本で結婚式に蓮の花を持参したら、「縁起でもない」と怒られるに違いない。生け花でも忌み嫌われた時代があった。しかし、インドでは多くの人が蓮の花を結婚式に持参する。最もめでたい花だからだ。元政上人は、そうした文化的誤解にとらわれず、白蓮華の美しさを評価している。

上人は、生き物に対する憐れみの心を持っていた。鮎《あゆ》を食べる人を憎んでいたのは、生きたまま鮎を烹《に》るからだという。籠に入れられた雀《すずめ》を見て、「放してやりなさい」と言うと、持ち主が「預かりものだ」と断った。上人は、悲嘆に暮れて「籠鳥賦」（籠の鳥の賦）という詩を作った。

原始仏典の『ウダーナ』には、多くの魚を傷つけていた子どもたちを釈尊が諭す場面が記録されている。「子どもたちよ。君たちは苦しみを恐れるか？　苦しみは君たちにとって快くないものであるか？」との釈尊の問いかけに、子どもたちは「僕たちは、苦しみを恐れます。苦しみは快いものではありません」と答えた。そこで、釈尊は「子どもたちよ、苦しみを受けることが嫌であるならば、他の生きものに苦しみを与えてはならない」と慈悲の精神を教えた。

このように、生きとし生けるものに対する優しさ、慈しみの精神は、仏教において特に強調されたものだが、元政上人は生き物に対する優しさを詠った漢詩も残している。その詩を以下に見ていこう。

まずは、宿屋にいた飢えた犬を慈しむ詩である。

旅店有餓狗
狗子何羸々
毛長骨連皮
仏性不須問

旅店《りょてん》に餓《う》えた狗《いぬ》有《あ》り
狗《いぬ》の子《こ》、何《なん》ぞ羸々《るいるい》たる
毛《け》長《なが》くして骨皮《ほねかわ》に連《つら》なる
仏性《ぶっしょう》、問《と》うことを須《もち》いず

有無可自知
以我法喜食
今日救汝飢
非思鶖子施
只発一念慈
既有微因在
佗生或追随

有無《うむ》、自《みずか》ら知《し》る可《べ》し
我《わ》が法喜《ほうき》の食《じき》を以《もっ》て
今日《こんにち》汝《なんじ》が飢《う》えを救《すく》う
鶖子《しゅうし》が施《せ》を思《おも》うに非《あら》ず
只一念《ただいちねん》の慈《じ》を発《おこ》す
既《すで》に微因《びいん》の在《あ》る有《あ》り
佗生《たしょう》、或《あ》るいは追随《ついずい》せん

宿屋に餓えた子犬がいた。この子犬はどうしてやせ衰えているのだろうか。毛だけが長くて、骨と皮につながっている。この子犬にも仏性《ぶっしょう》が具わっているのだろうかと問わないでもらいたい。仏性の有無は自らが知るべきものである。

『法華経』五百弟子授記品《ごひゃくでしじゅきぼん》に説かれている法の喜びという食べ物（法喜食《ほうきじき》）によって今、私はあなたを救おう。それは、決して乞眼《こつげん》のバラモンに眼を乞《こ》われて眼を抉《えぐ》り出して差し出し、臭いと言って踏みにじられ、執着心と虚栄心から憤慨して菩薩道を退転したという舎利弗《しゃりほつ》（鶖鷺子《しゅうろし》）の布施の話を思ってのことではない。一念にただただ慈しむ心を発したからである。

こうしてわずかではあるが因縁を結んだのだから、来世に生まれ変わった時には跡を追って一緒に生まれてくるであろう――。飢えた子犬にまで仏法を語って聞かせている姿が目に浮かぶようだ。

次に蛍の詩を挙げよう。

蛍

掠水穿雲度晩風
須臾南北又西東
夜来不待月明照
自掲孤光遊太空

蛍《ほたる》

水《みず》を掠《かす》め雲《くも》を穿《うが》ちて晩風《ばんぷう》に度《わた》る
須臾《しゅゆ》に南北《なんぼく》、又《ま》た西東《せいとう》
夜来《やらい》、月明《げつめい》の照《て》らすことを待《ま》たず
自《みずか》ら孤光《ここう》を掲《かか》げて太空《たいくう》に遊《あそ》ぶ

蛍が水面すれすれをかすめ、また雲を突き抜けて、夕暮れの風の中を飛び回っている。瞬時のうちに南や北かと思えば、また西へ東へと飛んでいる。夜になっても、月が明るく照らすのを待つこともなく、自ら独自の光を放って大空を自在に遊泳している――。

「太空」は、現代中国語では「太空船」が「宇宙船」を意味するように、「宇宙」を意味している。小さな蛍が雲を突き抜け、誇り豊かに光を放って月の明かりをもあてにしない。無窮《むきゅう》の宇宙の中で、自らの存在を主張している蛍を詠ったものである。宇宙大の〝自己〟を小さな蛍の姿に詠みとったものともいえよう。

生き物に対する思いは、蠅《はえ》や蚊などの害虫に対しても一貫していた。

## 蠅

八月尚残暑
蠅飛満屋宇
鉢盂揮不去
几格逐亦聚
因懐費智謀
尽籠放遠浦
欧陽作賦憎
王思抜剣怒
又憶韓昌黎
啖咋与不苦
却憐得時短
善哉吾与愈

## 蠅《はえ》

八月《はちがつ》、尚《な》お残暑《ざんしょ》
蠅《はえ》、飛《と》びて屋宇《おくう》に満《み》つ
鉢盂《はつう》もて揮《はら》へども去《さ》らず
几格《きこう》もて逐《お》へども亦《また》聚《あつま》る
因《よ》って懐《おも》ふ、智謀《ちぼう》を費《ついや》し
尽《ことごと》く籠《こ》めて遠浦《えんぽ》に放《はな》たんことを
欧陽《おうよう》、賦《ふ》を作って憎み
王思《おうし》、剣を抜いて怒る
又、憶《おも》ふ韓昌黎《かんしょうれい》
啖咋《たんさ》与《とも》に苦しまず
却《かえ》って時を得るの短きことを憐れむ
善《よ》き哉《かな》、吾《われ》は愈《ゆ》に与《くみ》せん

八月は、まだまだ残暑の季節である。蠅が飛び回って、家屋の中に充満している。食べものを入れる鉢を振り回しても、蠅は去ることがない。脇息《きょうそく》で追い払ってもまた集まって来る。そこで考えることは、智慧と謀略を尽くして、蠅をことごとく捕まえ閉じ込めて遠くの水辺に放ってしまうことだ。

宋の欧陽修は、ひたすら蝿を憎み、かんしゃくを起こして「憎蒼蝿賦」（蒼蝿《あおばえ》を憎むの賦《ふ》）を詠んだ。『三国志』に登場する王思《おうし》は、短気なことで有名で、文書を書いていると、何度追い払っても青蝿が集まってきて筆に止まる。頭にきた王思は筆を地面に投げつけ、剣を抜いて怒ったという。また韓昌黎《かんしょうれい》とも呼ばれる唐代の詩人・韓愈《かんゆ》は、蝿や蚊が啖《くら》ったり、咋《か》んだりするのは苦痛ではない。むしろ、短い命を憐れに思うとして、「朝、蝿は駆《か》るを須《もち》いず／暮、蚊は拍《う》つ可《べ》からず」と詠んだ。素晴らしいことである。私は、韓愈に賛成である――。

この時、厨房の担当者が蝿を捕える道具を作って元政に見せた。元政は、製作者を労《ねぎら》いながらも、この詩を語って、それをやめさせ、道具を破棄させたという。

蝿の大群に困り果ててはいるが、あくまでも殺生《せっしょう》をせずにすむ方法を模索している。

姉崎正治氏は、『彙編　艸山詩集』下巻（九七七頁）で「鉢盂はらへども去らず」「几格おひてまたあつまる」と書き下しておられるが、この二行は対句になっていることと、何をもって何を「揮《はら》」い「逐《お》」うのか分かりにくいので、筆者は「鉢盂もて揮へども去らず／几格もて逐へども亦聚る」と改めた。

次に蚊を詠ったものを見てみよう。

蚊
清夜殷々又轟々
帳中夢醒心忽驚

蚊《か》
清夜《せいや》殷々《いんいん》、又轟々《またごうごう》
帳中《ちょうちゅう》、夢醒《ゆめさ》めて、心忽《こころたちま》ち驚《おどろ》く

起吹燈火上短檠
満窓如塵不分明
開戸万里河漢清
〔中略〕
汝喙穎細身絮軽
何為無飽苦営々
昼則隠伏夜横行
如賊如鼠野狐精
〔中略〕
最厭徒好作雷鳴
曾無片雨助農耕
吾非為汝心不平
蚊兮蚊兮可憐生

起《お》きて燈火《とうか》を吹《ふ》きて短檠《たんけい》に上《のぼ》す
窓に満つること塵《ちり》の如《ごと》くにして分明《ぶんみょう》ならず
戸《と》を開《ひら》けば万里《ばんり》の河漢《かかん》清《きよ》し
〔中略〕
汝《なんじ》が喙《くちばし》は穎《ほさき》の細《ほそ》さ、身《み》は絮《わた》の軽《かる》さ
何《なん》為《す》れぞ飽《あ》くこと無《な》くして苦《ねんご》ろに営々《えいえい》たる
昼《ひる》は則《すなわ》ち隠伏《いんぷく》し、夜《よる》は横行《おうこう》す
賊《ぞく》の如《ごと》く、鼠《ねずみ》、野狐《やこ》の精《せい》の如《ごと》し
〔中略〕
最《もっと》も厭《いと》う、徒《いたずら》に好《この》んで雷鳴《らいめい》を作《な》すことを
曾《かつ》て片雨《へんう》の農耕《のうこう》を助《たす》くること無《な》し
吾《わ》れ、汝《なんじ》の為《ため》に心平《こころたいら》かならざるにあらず
蚊《か》よ、蚊《か》よ、可憐《かれん》の生《せい》

涼しくさわやかな夜に、雷鳴のような大きな音が轟《とどろ》き、うなるような音が響きわたった。蚊帳《かや》の中で寝ていたが、夢から覚め、何事かと心大いに驚いた。短くしていた燈明の灯心を上げて明るくすると、窓のある部屋に満ちているものは、塵のようであって、はっきりとしない。けれども、戸を開けてみると万里にわたる天の川が美しく輝いていた。

お前のくちばしは、稲穂の先のような細さであり、体は綿毛のような軽さである。どうして人の眠りを妨げることに飽きることなく、ひたすら励み続けるのであろうか。昼間の明るい時には隠れていて、夜になり暗くなると、ほしいままに活動を開始する。それは、盗賊のようであり、鼠《ねずみ》や、狐《きつね》の憑《つ》き物のようである。

暇を持て余して、好き好んで雷鳴を轟かせるなんてことは、私の最も嫌いなことだ。これまで一度たりといえども、雷鳴を轟かせて降る通り雨が農耕の手助けとなったことなどありはしない。私は、お前のために心が穏やかでないのではないのだ。蚊よ、蚊よ、愛らしくて守ってやりたい生き物よ――。ここには、蚊をも愛おしむ思いに満ちている。

上人が痩《や》せた馬に乗っていて、その馬がどこかを痛めて動けなくなった。馬子が馬に鞭《むち》打つのを制止して、上人はその馬には乗らなかったという話も残っている。

このように生き物を詠った詩を見てくると、小林一茶の俳句への影響を考えざるを得ない。後にも触れるが、一茶は元政上人を目標としていたというから、元政上人の影響は無視できないといえよう。

## 病を超越する道としての詩歌

「詩歌の道をよくすれば、即ち定恵（慧）二法を修するなり」ということは、元政上人白身の持病に対する対処法にもうかがえる。詩歌を詠むことが病を超越する道であったようだ。

病中吟
秋雨抱寒疾
禁鹹適所宜
煎茶聊代薬
剝芡且嘗糜
坐念無生話
臥吟落韻詩
安心吾妙術
何処訪良医

病中《びょうちゅう》の吟《ぎん》
秋雨《しゅうう》、寒疾《かんしつ》を抱《いだ》く
禁鹹《きんかん》、所宜《しょぎ》に適《かな》う
茶《ちゃ》を煎《せん》じて聊《いささ》か薬《くすり》に代《か》え
芡《けん》を剝《む》きて且《か》つ糜《び》を嘗《な》む
坐《ざ》しては無生《むしょう》の話《はなし》を念《ねん》じ
臥《ふ》しては落韻《らくいん》の詩《し》を吟《ぎん》ず
安心《あんしん》は吾《わ》が妙術《みょうじゅつ》
何《いず》れの処《ところ》にか良医《りょうい》を訪《たず》ねん

秋雨《あきさめ》がしとしとと降り続いたために体が冷え込んでしまい、風邪から発熱・頭痛・嘔吐《おうと》・関節痛・腹痛などを伴う寒疾を引き起こしてしまった。それには塩辛いものを避けることが、適切な対処法である。お茶を煎《せん》じて、とりあえず薬の代わりとして服用し、オニバスの実（芡実《けんじつ》）を剝《む》いてお粥《かゆ》に入れて口にする。坐っては、物事の真の姿は空《くう》であり、何ものも生じることがなく、滅することもないという無生法忍《むしょうほうにん》の教えについて念じている。横になっては、韻の踏み方が誤っているかもしれないが詩を作っている。こうして得られる心の安らぎこそが、私にとって病気に対するすぐれた手段である。どこにも良医を捜し求めて訪ねていく必要もないのだ——。

上人は、医薬の書物も読み込んでいて、『食医要編』を著わすほどで、この詩から食事療法にも詳しかったことが分かる。

この詩の「臥《ふ》しては落韻《らくいん》の詩《し》を吟《ぎん》ず／安心《あんしん》は吾《わ》が妙術《みょうじゅつ》」について上野洋三氏は、『石川丈山・元政』（二八八頁）で、

身を横たえるときは、詩でも作ろうとするが、どうも平仄《ひょうそく》も定かでないものしか出来ぬ。いうなれば信心決定して悟達に到ることこそが、わが病の妙薬。

と解釈しておられる。「平仄」とは、漢詩を作る際に声調《せいちょう》を調和させるために規定された、なだらかな声調の「平字《ひょうじ》」と抑揚を伴う「仄字《そくじ》」の配列の仕方のことである。上野氏は、元政上人が漢詩を作っても、その「平仄」が定かでないもの、すなわち韻律が間違った詩（落韻の詩）しか作れないと、文字通りに解釈しておられる。

これでは、元政上人にとって詩を詠むことは無意味なものだということになる。その結果、安心を得られるものとして、詩を詠むこととは別に、この詩には書かれていない「信心決定して悟達に到ること」を持ってこざるを得ないことになってしまったのであろう。

『続近世畸人伝』に引用されていた元政上人の日記に、

〔養生なるべきものは〕何ぞただ、戒のみならん。八万の法蔵、皆良薬なり、身心の為に病を治すなり、外のことなし。詩歌の道をよくすれば、即ち定慧二法を修するなり。

とあることは既に指摘したとおりである。詩を詠むこと自体が、「戒・定・慧の三学」の定・慧に当たるのであり、「良薬」であり「身心の為に病を治す」ことになると元政上人は随所で述べている。「無生の話を念じ」たり、「落韻の詩を吟」じたりすること自体が「安心」のもとだったのである。

ここに「落韻の詩を吟ず」とあるのは、詩を詠むことが病に対して無意味なことを言おうとしているのではなく、自らの詩作を謙遜《けんそん》した表現なのである。上人の詩に「拾得の韻を次ぐ」といった次韻《じいん》詩が多く見られ、原作の韻と全く同一の文字を同一の順に用いた次韻詩は作者の力量が最も問われるということは、既に触れた通りである。また、中国で出版された韻律についての書籍を購入してまで学ぼうとしていた人である。「落韻の詩を吟ず」というのは、謙遜以外の何物でもない。上人にとって、詩を詠むこと自体が安心をもたらすものだったのだ。

上人は、病に臥せり、不自由な思いをしながらも、その情況の中で仏法のものの見方を自得していた。それは、次の詩から読み取れよう。

病　臥　　　　病《びょう》臥《が》

病臥不須睡　　病《びょう》臥《が》、睡《ねむ》ることを須《もち》いず

檐声入枕寒
心疲忘字易
口吃読書難
雨絶竹風動
夢醒燈火残
此中聊自得
非強藉三観

檐声《えんせい》、枕《まくら》に入《い》りて寒《さむ》し
心疲《こころつか》れて字《じ》を忘《わす》るること易《やす》く
口吃《くちきつ》して書《しょ》を読《よ》むこと難《かた》し
雨絶《あめた》えて竹風《ちくふう》動《うご》き
夢《ゆめ》醒《さ》めて燈火《とうか》残《のこ》る
此《こ》の中《うち》、聊《いささ》か自得《じとく》す
強《し》いて三観《さんがん》を藉《か》るに非《あら》ず

病に臥せってなかなか眠ることができない。軒先から落ちる雨垂れの音が、枕に染み入るように聞こえてきて、寒さが身にしみる。心は疲弊して、文字を忘れやすくなっているし、口は言葉をなめらかに発音することができず、書物を朗読することも難しい。雨がやんで、雨垂れの音も絶え、竹に葉擦《はず》れの音をさせて風が吹いている。いつの間に眠っていたのか、夢から覚めると燈明の火がまだ燃え尽きずに残っていた。周囲の情況の変化にもかかわらず、燈明は変わることなく燃え続けていた。病に臥せり、身《しん》・口《く》・意《い》のすべてに不自由しているが、あらゆる個別的現象（諸法）を超えて絶対的真理（実相）にかなった自己と法を、私は少しばかり自得することができた。けれども、それは、あえて天台大師が説いた空・仮・中の三つの在り方（三諦）から観想する三観《さんがん》の教えを借りて自得したのではないのだ――。

ここには、自らが病の身にありつつも、その病身にとらわれることなく、それを超えて普遍的真理を見る眼を自得したことを詠っている。

## 多病を憂えず病を僕となす

元政上人は、時に応じて詩を詠んだ。次は、病の時にたまたま思い浮かんだという詩である。

病中偶成
坐眠行立育精神
多病何憂夙世因
大地山河皆是法
由来甚処看纖塵

病中《びょうちゅう》の偶成《ぐうせい》
坐眠行立《ざみんぎょうりゅう》、精神《せいしん》を育《そだ》つ
多病《たびょう》何《なん》ぞ憂《うれ》へん、夙世《しゅくせ》の因《いん》
大地《だいち》山河《さんが》、皆《みな》是《こ》れ法《ほう》
由来《ゆらい》、甚《いず》れの処《ところ》にか纖塵《せんじん》を看《み》ん

坐ったり、眠ったり、歩行したり、立ち止まったりする日常のすべての振る舞いを通して、精神は陶冶《とうや》されるのである。病多きことをどうして憂慮することがあろうか。それは前世の因によるものである。大地といい、山河といい、あらゆるものごとが、法に則《のっと》ったものである。もともとそうであるのだから、どこに塵《ちり》や埃《ほこり》のようなつまらないものを見いだすことができるであろうか。〔つまらないものは何もないのだ——。〕

この詩からは、病を憂うことなく、達観している上人の姿がしのばれる。それは、次の詩からも読み取れる。

又得燠字　　又《また》、燠《いく》の字を得《え》たり

……　　……

艸屋三五間　　艸屋《そうおく》、三五間《さんごけん》
荘厳勝百福　　荘厳《しょうごん》、百福《ひゃくふく》に勝《まさ》れり
昔為病所使　　昔《むかし》は、病《やまい》の使《つか》う所《ところ》と為《な》り
今以病為僕　　今《いま》は、病《やまい》を以《もっ》て僕《ぼく》と為《な》す
有時積雨晴　　時《とき》有《あ》って、積雨《せきう》、晴《は》る
出庭梅子熟　　庭《にわ》に出《い》づれば梅子《ばいし》熟《じゅく》せり
偶読西域記　　偶《たまたま》、西域記《さいいきき》を読《よ》みて
逍遥五天竺　　五天竺《ごてんじく》を逍遥《しょうよう》す

草ぶきの粗末な庵は、三五（＝三×五＝十五）間（一間は約一・八二メートル）ほどにすぎないが、その荘厳ぶりは、仏の具える三十二種類の身体的特徴（三十二相《さんじゅうにそう》）の一つひとつが百もの福徳によって飾られていることよりも勝っている。過去には、病に苦しめられ、病に使われる身であったが、今は逆に病を僕《しもべ》として使う立場に立っている。時節が到来して、長く続いていた雨が上がり、空が晴れ上がった。庭に出てみると梅の実が熟している。それは、ちょうど玄奘三蔵《げんじょうさんぞう》（六〇二～六六四）の『大唐西域記《だいとうさいいきき》』を開いて読んでいて、インドの東・西・南・北・中央の五天竺を気ままに歩き回っている時のことであった——。

昔は、病気の下僕として使われる立場だったが、今は逆転して病を下僕として使う立場になった。その転換を「時有って、積雨、晴る」の言葉が象徴的に示している。心は、梅雨の晴れ間に梅の実が熟したことを喜び、はるばると五天竺に至ってインドの地を逍遥しているというのだ。肉体に病があるからといって、心まで支配される必要はないということだ。

## 病に打ち勝ち自由を誇る

次の詩は、病に打ち勝ち、「多病、何ぞ妨げん、一心を養うことを」と心の自由を誇っているのが注目される。

元政上人の住む称心庵《しょうしんあん》（後の瑞光寺《ずいこうじ》）は霞谷の北端に位置していた。その南端に位置する谷口において詩を作っていて、「深」という文字を自分の韻と定めて詩を作った。

谷口得深字
困来即睡興来吟

谷口《たにぐち》、深《しん》の字《じ》を得《え》たり
困《こん》じ来《きた》れば即《すなわ》ち睡《ねむ》り、興来《きょうきた》れば吟《ぎん》ず

多病何妨養一心
不向人間争妄跡
青山長在白雲深

多病《たびょう》、何《なん》ぞ妨《さまた》げん、一心《いっしん》を養《やしな》うことを
人間《じんかん》に向《む》かいて妄跡《もうせき》を争《あらそ》わず
青山《せいざん》は長《なが》く白雲《はくうん》の深《ふか》きに在《あ》り

疲れてくれば眠りに就き、興趣が高じてくれば詩を吟ずる。自己の心を豊かにすることにおいて、多病であることが、何の妨げとなるであろうか。人の住む世間に対しても、とらわれた心で誤って判断されたことについて言い争うこともない。白い雲が、いくら長い間にわたって青々とした山を深々と覆い隠したとしても、山は不動のものとして存在し続けているのだ。それと同じように、種々に修行を妨げるものが次から次に現れては、去来するけれども、真の自己は全くそれに覆い隠されたり、汚されたりすることはないのだ——。

「人間」が、「ひと」という意味で用いられるようになったのは、江戸時代以降のことだが、ここでは「人の住んでいる世界」「世間」「人の世」を意味している。読み方も「にんげん」と読むのは呉音《ごおん》で、漢音《かんおん》では「じんかん」という。

## 行住坐臥に俗塵を離れ執着を断つ

その世俗の世界から隠匿《いんとく》した元政上人は、日々の生活の行・住・坐・臥の四威儀のそれぞれの項目について次の詩を詠んでいる。

山居四威儀
山居行不蹈塵
遇人少誰恥貧
倦則息那須茵
忘形処影亦泯

山居《さんきょ》の四威儀《しいぎ》
山居《さんきょ》の行《ぎょう》、塵《ちり》を蹈《ふ》まず
人《ひと》に遇《あ》うこと少《まれ》にして、誰《だれ》か貧《ひん》を恥《は》じん
倦《う》めば則《すなわ》ち息《やす》む、那《なん》ぞ茵《しとね》を須《もち》いん
形《かたち》を忘《ぼう》ずる処《ところ》、影《かげ》も亦《また》泯《みん》す

山中の住まいでの歩行（行《ぎょう》）は、俗塵を踏むことはない。人に出会うことも稀であって、誰が貧しいことを恥じることがあろうか。疲れていやになれば休息するけれども、どうして茵《しとね》（褥＝敷物）を用いることがあろうか。形あるものの存在を忘れ去ったところでは、その影もまた消滅しているのである。

山居住劫幾塵
愛日永不覚貧
有苔緑勝錦茵
此凝立迹自泯

山居《さんきょ》の住《じゅう》、劫《こう》、幾塵《いくじん》ぞ
日《ひ》の永《なが》きを愛《あい》して、貧《ひん》を覚《おぼ》えず
苔《こけ》の緑《みどり》なる有《あ》りて、錦《にしき》の茵《しとね》に勝《まさ》れり
此《ここ》に凝立《ぎょうりゅう》して、迹《あと》自《おの》ずから泯《みん》す

山中の住まいに留まること（住《じゅう》）は、世界を原子（塵《じん》）にすりつぶして、その原子の数で表現する天文学的な時間の長さ（塵点劫《じんてんごう》）にして、どれほどの長さであろうか。一日が長いことはかけがえのないもので、貧しいことを忘れてしまう。苔生《こけむ》した緑色は、錦《にしき》の褥《しとね》よりも勝っている。ここに身動きもせずにじっと立っていると、私が存在しているその場所もおのずから消滅してしまうのだ。

山居坐払無塵
竹為倚適清貧
尼壇在可当茵
非三昧法界泯

山居《さんきょ》の坐《ざ》、払《はら》うに塵《ちり》無《な》し
竹《たけ》を倚《き》と為《な》して、清貧《せいひん》に適《かな》う
尼壇《にだん》在《あ》りて、茵《しとね》に当《あ》つる可《べ》し
三昧《さんまい》に非《あら》ざれども、法界《ほうかい》泯《みん》す

山中の住まいに坐していること（坐《ざ》）には、振り払おうとする塵《ちり》そのものが存在しない。竹を寄りかかる杖となして、貧しくとも清らかな生活を送るのに適っている。座臥《ざが》の時に敷くニシーダナ（尼師壇《にしだん》）という方形の布があるので、それを茵《しとね》（褥）として用いるべきである。心を一つの対象に集中して動揺しないという三昧《さんまい》の状態に入っていなくても、あらゆる現象の織りなされる世界（法界）が消滅するのだ。

山居臥不夢塵

山居《さんきょ》の臥《が》、塵《ちり》を夢《ゆめみ》ず

三衣足我豈貧
一当枕一擬茵
鼻雷動乾坤泯

三衣《さんね》足《た》りて、我《われ》豈《あ》に貧《ひん》ならんや
一《ひと》つは枕《まくら》に当《あ》て、一《ひと》つは茵《しとね》に擬《ぎ》す
鼻雷《びらい》動《うご》きて、乾坤《けんこん》泯《みん》す

山中の住まいで横になって眠ること（臥《が》）には、俗塵のことを夢に見ることがない。出家者に所有することが認められた大衣《だいえ》・上衣《じょうえ》・中衣《ちゅうえ》の三衣《さんね》が満ち足りているのだから、私はどうして貧しいことがあろうか。横になる時は、三衣のうちの一つを枕の代わりとし、一つを褥《しとね》として用いるのだ。こうして眠りに就いて、雷のようないびき（鼾）をかいては、私の意識から天と地の世界が消滅するのだ——。

以上、山中の住まいでの行・住・坐・臥のそれぞれの局面において世俗の塵を離れ、三つの衣で十分として、形あるものの影も、自分の存在している場所も、法界も、天地も、上人にとって執着を離れているので消滅しているのだと詠んでいる。

四つの詩すべての各行の末尾を見ると、「塵」「貧」「茵」「泯」で統一されていることも注目される。

## 竹を愛した詩人

これまで見てきた詩にもしばしば竹という文字が出てきた。元政上人は、竹をこよなく愛した詩人であった。

竹は、四季を通じて常に緑であることから、「不変」「貞節」の象徴とされ、天に向かって真っすぐに伸びる「純粋さ」「ひたむきさ」、強風や嵐にあっても、積もった雪の重みにも耐えてしなやかにたわんで折れない「強靭さ」などが評価されてきた。節と節の間が空洞になっていることが君子《くんし》の虚心を、節が君子の節度を象徴するものとされた。あるいは、竹林が龍を生じ、竹の実は鳳凰《ほうおう》の食べるものともされた。それに加えて、竹の筒が空洞であることが、仏教で重視される「空《くう》」を象徴するものとして、元政上人は竹を愛したようだ。

元政上人は、称心庵の近くの竹林の中にもう一つの庵を建てることを計画していた。竹と言っても、それは京都・嵯峨野《さがの》の孟宗竹《もうそうだけ》と違って細めの笹《ささ》である。その庵には「竹葉庵」と名付けていた。その夢は実現しなかったようだ。瑞光寺四世・慈航の『草山要誌』に列挙された建物にも竹葉庵の名前は記されていない。上人にとって、夢とも言うべき竹葉庵への思いが先行し、早々と「竹葉庵」十首を作ってしまった。漢文で書かれたその前書きに、

近くに又《また》別に一庵を構へて、名《なづ》くるに竹葉《ちくよう》を以《もっ》てし、時々其《そ》の中に在《あ》りて、或《あるい》は禅坐し、或は経行《きょうぎょう》し、或いは読誦《どくじゅ》し、或は嘯咏《しょうえい》せんと欲《ほっ》して未だ果《はた》せず。

とあるように、その庵で坐禅をし、そぞろ歩きしたり、経典を読誦したり、詩歌を作ったりする

ことを夢見ていた。けれども、まだ実現していない願い事が待ち遠しくて、居ても立ってもいられない少年のように、元政上人は竹葉庵のことを考えただけでも、思いを抑えることができず、十首の五言絶句がほとばしり出たのであろう。

その「竹葉庵」十首のすべてを見てみよう。

竹葉庵　　　　　竹葉庵《ちくようあん》

其　一　　　　　其の一

屋前竹葉垂　　　屋前《おくぜん》、竹葉《ちくよう》垂《た》れ

屋後竹葉隔　　　屋後《おくご》、竹葉《ちくよう》隔《へだ》つ

屋上竹葉覆　　　屋上《おくじょう》、竹葉《ちくよう》覆《おお》い

中有愛竹客　　　中《なか》に竹《たけ》を愛《あい》する客《きゃく》有《あ》り

庵の建物の前には竹の葉が垂れ下がり、後ろは竹の葉が隔壁となって、屋根の上には竹の葉が覆い尽くしている。その竹に取り囲まれた庵の中には、竹を愛する客たちがいる。

其　二　　　　　其の二

一葉一天地　　　一葉《いちよう》、一天地《いちてんち》

一菴一葉間　　　一菴《いちあん》、一葉《いちよう》の間《あいだ》

凡夫及聖賢
総在此中閒

凡夫《ぼんぷ》、及《およ》び聖賢《せいけん》
総《すべ》て此《こ》の中《なか》に在《あ》って閒《かん》たり

竹の葉の一枚が全世界であり、一つの庵がその一枚一枚の間に存在している。一般の人も、聖人《じん》も賢人《けんじん》も、すべてこの庵の中にあって、「閒」という状態である。「間」という字は、門の扉と扉の隙間を意味するが、「閒」という字は、門の扉と扉の隙間から、月の光が差し込んでいる状態を示している。それぞれの人の間に隔たりがありつつも、静かで優雅であるといった意味が込められている。お互いに妨げ合うことなく、間合いをうまく取りながら、静かで趣があるということであろう。

其　三

我観竹之心
艸木之空者
我観竹之形
幽人之友也

其の三

我《わ》れ竹《たけ》の心《こころ》を観《み》るに
艸木《そうもく》の空《くう》なる者《もの》なり
我《わ》れ竹《たけ》の形《かたち》を観《み》るに
幽人《ゆうじん》の友《とも》なり

竹の心を察するに、草木の中でも茎が空洞になっているのは仏教で重視される「空《くう》」を体現したものである。竹の形を観るに、世俗を避けてひっそりと隠れ住む隠者の友である。

其　四

其性清且和
非木亦非艸
箇中足歳寒
猶余一束藁

其の四
其《そ》の性《せい》、清《きよ》くして且《か》つ和《わ》なり
木《き》に非《あら》ず、亦《また》艸《くさ》に非《あら》ず
箇中《こちゅう》、歳寒《さいかん》に足《た》れり
猶《なお》、一束《ひとたば》の藁《わら》を余《あま》す

竹は寒中にも青々として色褪《いろあ》せず、雪の重みにも折れることはない。その性質は清廉潔白にして、また柔和である。木でもなく、草でもない。「歳寒《さいかん》の三友《さんゆう》」と言って、寒さの厳しい時節に友とすべきものに松・竹・梅の三つが挙げられているが、竹についてのこの奥深い道理から、「歳寒の友」には竹のみで十分に足りる。その上、孫晨《そんしん》が布団《ふとん》代わりとした「一束の藁」以上のものがある——。

「一束の藁」は、唐の李瀚《りかん》が編纂した故事集《こじしゅう》『蒙求《もうぎゅう》』（七四六年）に出てくるエピソードである。家が貧しく席《むしろ》を織ることを家業としていた孫晨は、学問がよくでき、『詩経』と『書経』に精通していたので、京兆《けいちょう》（帝都の所在地の行政長官）の功曹《こうそう》（人事部長）となることができた。「冬月被《ふすま》（衾）無し、藁一束有り。暮《くれ》に臥《ふ》し朝《あした》に収《おさ》む」とあるように、貧しかった時は、冬でも夜着がなく、一束の藁があるだけで、夜はその中で寝て、朝になると片付けるという暮らしをしていたという。ここからも、元政上人が漢籍にも広く通じていたというその一端を垣間見《かいまみ》ることができきよう。

其　五

身軽如竹葉
竹葉似扁舟
汎彼太虚裡
随風自在浮

其の五

身《み》の軽《かろ》きこと竹葉《ちくよう》の如《ごと》し
竹葉《ちくよう》、扁舟《へんしゅう》に似《に》たり
汎《はん》たる彼《か》の太虚《たいきょ》の裡《うち》
風《かぜ》に随《したが》って自在《じざい》に浮《う》かぶ

身が軽いことは、竹の葉に譬えられる。その竹の葉は、小さな舟に形が似ている。その舟は、風に従って広大無辺なあの虚空《こくう》の中に自由自在に浮かんでいる。

其　六

自有世界来
即已有此竹
自有此竹来
此葉終不禿

其の六

世界《せかい》有《あ》りて自《よ》り来《このかた》
即《すなわ》ち已《すで》に此《こ》の竹《たけ》有《あ》り
此《こ》の竹《たけ》有《あ》りて自《よ》り来《このかた》
此《こ》の葉《は》、終《つい》に禿《とく》せず

世界が存在する時から、この竹は存在しているし、この竹が存在している時から、竹の葉はいまだに落ちてしまうことなく、常に青々としている。

其　七
一枕短椽下
清風葉々涼
恐人添曲節
莫遇蔡中郎

其の七
一枕《いっちん》、短椽《たんてん》の下《もと》
清風《せいふう》、葉々《ようよう》涼《すず》し
恐《おそ》らくは、人《ひと》の曲節《きょくせつ》を添《そ》えんことを
蔡中郎《さいちゅうろう》に遇《あ》うこと莫《なか》れ

軒の下でひと時の昼寝をしていると、爽やかな風が吹いてきて、竹の葉擦れの音が涼しげで心地よい。それだけで十分なのに、誰かが節回しをつけるような余計なことをするのではないかと恐れる。音楽に長《た》けた後漢の蔡中郎が知ったならば、節回しをつけようとするであろうから、この竹が蔡中郎と巡り合うことがないことを願いたい。

其　八
吾盧無夏日
竹葉翠長寒
瓶水時移影
絶勝月下看

其の八
吾《わ》が盧《いおり》、夏日《なつび》無《な》し
竹葉《ちくよう》、翠《みどり》長《ちょう》じて寒《さむ》し
瓶水《へいすい》、時《とき》に影《かげ》を移《うつ》し
月下《げっか》の看《かん》に絶勝《ぜっしょう》す

私の住む竹葉庵には夏日がない。竹の葉が青々と茂って、寒いほどである。竹の葉の緑が時々、瓶《かめ》の水に映るのは、竹の葉が月の光に照らされているのを見るよりも遥かに勝れている。

其　九
山庵不見塵
竹葉無今古
何須引羊車
長当幽人戸

其の九
山庵《さんあん》、塵《ちり》を見《み》ず
竹葉《ちくよう》、今古《きんこ》無《な》し
何《なん》ぞ羊車《ようしゃ》を引《ひ》くことを須《もち》いんや
長《なが》く幽人《ゆうじん》の戸《と》に当《あ》たる

山中の庵では、塵のような俗世間のわずらわしさを見ることはない。季節が移り変わっても、竹の葉の緑は変わることとなく、現在も過去も存在しない。私は、大白牛車《だいびゃくごしゃ》、すなわち『法華経』という一仏乗《いちぶつじょう》を用いているのだから、譬喩品《ひゆぼん》に説かれる「三車火宅《さんしゃかたく》の譬《たと》え」の羊車、すなわち声聞《しょうもん》の教えである小乗の教えをどうして用いる必要があろうか。私は、このように末長く世俗を離れてひっそりと隠棲する隠者の暮らしに入っているのだ。

其　十
節中即是空

其の十
節中《せっちゅう》、即《すなわ》ち是《こ》れ空《くう》

葉上即是色
色空本一如
我向是裡匿

葉上《ようじょう》、即《すなわ》ち是《こ》れ色《しき》
色空《しきくう》、本《もと》一如《いちにょ》
我《われ》、是《こ》の裡《うち》に向《む》かいて匿《かく》る

竹の節と節の中間は、虚《うつ》ろで「空《くう》」である。竹の葉の表面は、「いろ」や「かたち」を具えた「色《しき》」である。色即是空《しきそくぜくう》・空即是色《くうそくぜしき》と言われるように、「色」も「空」も唯一絶対の真理（真如《しんにょ》）の異なる現れ方であって、本来一つのものである。私は、竹に象徴される色空一如《しきくういちにょ》の世界に向かって世俗の世界から隠匿《いんとく》しているのである——。

最後の一行は、他の書では「我向者裡匿」となっていて、紀野一義氏は『名僧列伝（四）——一遍・蓮如・元政・辨榮聖者』（二四二頁）で、「我れ、者裡《しゃり》に向かつて匿《かく》る」と書き下しているが、「者裡」では意味不明である。延宝二年の村上勘兵衛版『艸山集』でも「者ノ裡」となっている。姉崎正治氏も意味不明と思われたのであろう。漢文はそのまま表記しているが、書き下しは「われこのうちに向ひてかくる」としている。筆者は、これも転写の際の誤りではないかと考え、「者」を「是」に改めた。

以上の十首だけを読むと、元政上人は、もう既にその庵の中にいるかのように思えてくる。竹を愛する聖人や賢人だけでなく、一般の人たちが集い、それぞれが自主性をもって情趣を楽しんでいる。上人自身も竹の葉の小舟に乗って、風任せで思いのままに果てしない虚空に浮かんでいる。世界の始まり以来、ずっと竹の葉は青々として枯れることがなかった。それだけ悠久なものである。夏の猛暑にも竹の葉が青々と茂って涼しい。色即是空・空即是色を体現した竹なればこそ、この竹葉庵に隠棲する――ここまでくると、「竹葉庵」は、元政上人にとって、理想郷以外の何物でもない。その理想郷に「竹」は欠かせなかったのであろう。
その元政上人にとって、竹は理想郷を象徴するものであっただけでなく、日常生活に欠かせないものでもあった。

吾《わ》れ、年未《いま》だ四十ならずして、筋骨先づ早く苶《つか》る。

と嘆き、歩くのにも不自由をきたすことがあって、杖を常用していた。それも竹の杖であり、詩にも詠んだ。

竹 筇

吾常愛竹筇
貞固不推松
誰得比其節
況乎心自空

竹《ちく》 筇《きょう》

吾《わ》れ常《つね》に竹筇《ちくきょう》を愛《あい》す
貞固《ていこ》、松《まつ》に推《ゆず》らず
誰《だれ》か其《そ》の節《せつ》を比《ひ》することを得《え》んや
況《いわ》んや心《こころ》の自《おの》ずから空《くう》なるをや

私は、常に竹の杖を愛用している。信念を堅く守り続けることは、いつも変わらず緑であり続ける松の木に譲るところがない。だれがその竹の節操を他のものと比較することができるであろうか。ましてや、その節と節の間は空洞であって、竹の本来あるがままで仏教の「空」の在り方を体現していることは言うまでもない――。

深草という地には、竹林あり、渓水が流れ、「詩歌の道……即ち定慧二法を修する」地として最も理想的なところであった。それは、第六章で詳述する「白菅」（白須賀）での詩で表現した「三諦《さんたい》無形《むぎょう》倶《ぐ》不《ふ》可《か》見《けん》」（三諦に形無く、倶《とも》に見るべからず）と「寂光土《じゃっこうど》」の理想を「竹葉庵」として目指していたのであろう。

## 弟子の死を悼む

元政上人の在世時から不文律として実行されていた規則『草山清規《そうざんしんぎ》』の一項に、

一、看病は是《こ》れ八福田中《はちふくでんちゅう》の最なり。深く惻隠《そくいん》を懐《おも》うて赤子を安《やす》ずるが如くせよ。

とある。「福田《ふくでん》」とは、文字通り「福徳を生じる田」ということで、福徳を生み出す行為・場所などの意味で用いられる。

上人は、母だけでなく弟子の看病も心掛けた。ある僧が病に臥した時、上人自ら介抱した。その僧は恐縮してしまったが、「八福田の中で看病が第一だから、私は看病によって福徳を得られるので幸いだ」と言ったという。菩薩行は、その行為自体が目的であって、下心があったり、見返りを求めてするものではない。上人は、その僧に気兼ねをさせないためにそのように言った。

玄奘三蔵が書き残した『大唐西域記』には、「祇園精舎《ぎおんしょうじゃ》の東北に仏塔があり、ブッダが、病気に苦しむ独り暮らしの人を世話されたところである」と記されている。ブッダは、汚物にまみれた病人の体を洗ってやり、着替えさせ、敷物を取り替えられたという。別の仏典には、「私に仕えようと思う者は病者を看護せよ」「私に施すことと、病人を看護することとの福徳は異なることはない」という言葉も残っている。こうした言葉の背景に、「一切衆生悉有仏性《いっさいしゅじょうしつうぶっしょう》」というブッダの眼差しを読み取ることができる。

弟子のなかでも、若くして亡くなるものもあった。上人の兄・元秀の子の顕寿（日現）が四歳にして元政上人のもとで仏門に入った。しかし、四年後に八歳で痘瘡《とうそう》を病み夭折《ようせつ》した。上人が深草へ移る年の春のことだった。

冬の夜、読書している時、一人の小僧が「ああ、寒いなあ。腹減ったなあ。どうしよう」と唱《なげ》いて言った。すると、日現が「空腹も寒さもすべて心の問題だから、それを忘れればいい」と言った。元政は、こうした日現の言行を目撃し、その聡明さをたたえ、死を悼む一文「日現小師十三回塔婆の銘」の序に記録した。

また、上人の最初の弟子の一人であった宜翁《ぎおう》が三十八歳で急逝した時も、詩をもってその死を悔やんだ。

悼宜翁
嗟乎宜翁　昔慕儒宗
〔中略〕
一旦奮起　逃有入空
逃空出仮　舎仮帰中
十年辛苦　漸至円融
貧而楽道　不高王公
終日乾々　起予疎慵

宜翁《ぎおう》を悼《いた》む
ああ宜翁《ぎおう》、昔《むかし》、儒宗《じゅそう》を慕《した》う
〔中略〕
一旦奮起《いったんふんき》して、有《う》を逃《のが》れて空《くう》に入《い》り
空《くう》を逃《のが》れて仮《け》に出《い》で、仮《け》を舎《す》てて中《ちゅう》に帰《き》す
十年辛苦《じゅうねんしんく》して、漸《ようや》く円融《えんゆう》に至《いた》る
貧《ひん》にして道《どう》を楽《たの》しみ、王公《おうこう》を高《たか》しとせず
終日《しゅうじつ》、乾々《けんけん》として、予《よ》の疎慵《そよう》を起《お》こす

この詩に「有」「空」「仮」「中」と出てきて何のことか分かりにくい。けれども、元政上人は、儒教・道教・仏教の三教の同異を問われて、「儒は有なり。道は空なり。釈は中なり。大なる哉《かな》中也《なり》。空有《くうう》も亦其《またそ》の中《ちゅう》に在《あ》り」と答えていたことを宜翁が記録していた。この一節は、宜翁が書き残したものを上人が集めてまとめた『竹葊遺稿《ちくあんいこう》』にある。これを参考にすると、次のように解釈できる。

宜翁は、かつて出家前には王陽明の学を好み、儒学の大学者を慕っていた。ところが、ひとたび奮起して、儒教、道教、仏教などを遍歴した。そして十年の間苦労して、ようやく円融円満の教えである『法華経』に到達した。清貧を貫いて覚り（道《どう》）を楽しみ、王公といえども身分の高い人だと思うことはない。一日中、積極的に頑張って、物憂くなっている私を奮い起こしてくれる——。

これに次の詩が続いている。

我西則西　我東則東
如形与影　無不暫従
為爾毎意謂
作教海老龍
底事太早計
超然忽飛沖
徒得涅槃楽
使吾独龍鐘

我《わ》れ西《にし》すれば則《すなわ》ち西《にし》し　我《わ》れ東《ひがし》すれば則《すなわ》ち東《ひがし》して
形《かたち》と影《かげ》の如《ごと》く、暫《しばら》くも従《したが》わざること無《な》し
爾《なんじ》が為《ため》に毎《つね》に意《こころ》に謂《おも》いき
教海《きょうかい》の老龍《ろうりゅう》と作《な》らんと
底事《なにごと》ぞ太早計《たいそうけい》
超然《ちょうぜん》として忽《たちま》ち飛沖《ひちゅう》す
徒《た》だ涅槃《ねはん》の楽《らく》を得《え》て
吾《われ》をして独《ひと》り龍鐘《りゅうしょう》たらしむ

私が西に行けば西に行くし、私が東に行けば東に行く。あなたは、形と影のように、しばらくも従わないことがない。あなたのためにいつも心に思っていた。教えの大海に住む龍になろうと。ところが、何という早合点をしたものであろうか。あなたは、〔龍のように〕涅槃の楽を得て超然として空高く舞い上がってしまった。そして、私独りを龍をかたどった鐘として残し、私はその鐘で悲嘆に暮れた音色を響かせている——。

平生勧学何為
爾本欲拯頽風
何処空埋願輪
再来扶助我功

平生《へいぜい》の勧学《けんがく》、何《いか》んか為《な》る
爾《なんじ》、本《もと》と頽風《たいふう》を拯《すく》わんと欲《ほっ》しき
何《いず》れの処《ところ》にか空《むな》しく願輪《がんりん》を埋《うず》む
再《ふたた》び来《き》たりて我《わ》が功《こう》を扶助《ふじょ》せよ

常日頃から学ぶことに努めてきたことはどうなったのか。あなたは以前、退廃した気風を一掃し、救い出したいと願っていた。その一切の敵をも打ち破る輪王の輪のように堅固な誓願はどこに埋めてしまったのか。もう一度私のもとに戻って来て、私の仕事の力添えとなってもらいたい——。

「扶助我功」の一節は、延宝二年（一六七四年）村上勘兵衛《むらかみかんべえ》版『艸山集』でも、一九一一年に出版された『標註　艸山集』（三四〇頁）のいずれでも、姉崎正治氏の『彙編　艸山詩集』上巻（一五七頁）でも「扶杖我功」となっていて、「我が功を扶杖せよ」と書き下しているが、「扶杖」は、一般には「杖にすがる」という意味で、意味が通じない。「杖もて我が功を扶けよ」と書き下すのも無理がある。青山氏の『深草の元政』（平楽寺書店、一二八頁）に「我功を扶助せよ」とあったので、これを採用した。こちらのほうが意味が通るのではないか。

霞之谷艸之峰

霞《かすみ》の谷《たに》、艸《くさ》の峰《みね》

潺々流水　鬱々青松
風物依然如旧
何独不見子容
帰来嗟乎宜翁

潺々《せんせん》たる流水《りゅうすい》、鬱々《うつうつ》たる青松《せいしょう》
風物《ふうぶつ》、依然《いぜん》として旧《もと》の如《ごと》し
何《なん》ぞ独《ひと》り子《し》が容《すがた》を見《み》ざる
帰《かえ》り来《き》たれ、ああ宜《ぎ》翁《おう》よ

霞の谷も、深草の峰も、さらさらと流れる水も、青々としてよく茂った松の木も、目に見える自然界のものは、何も変わることなく元のままである。どうしてあなたの姿だけ見ることができないのであろうか。帰ってきてくれ、ああ宜翁よ！——

最後の一行は、元政上人の悲痛な叫びとして胸に迫ってくる。

宜翁が上人に弟子入りしたのは三十歳の時であった。上人は三十一歳、いまだ妙顕寺にいた時のことだった。二年後、深草に移る時も同行した。上人より一歳若いだけで、上人は宜翁に対して弟子というよりも友情を感ずるほどであった。

上人は、この詩のほかにも『艸山宜翁行実』という小伝を書いている。それによると、出家前は、王陽明の学を好んでいたので、その名残《なごり》がなかなか抜けきれず、陽明学の入門書『伝集録』を読んでは、事理合一を上人に説くことがあった。その時のやり取りを、上人は次のように記している。

儒は吾道の一端のみ。未《いま》だ与《とも》に議《はか》るに足《た》らず。子《し》、我《わが》学に熟せば久《ひさしゅう》して自得してん。数年の後〔中略〕曰《いわ》く我れ始めて儒仏の同異を得たり。今よりして後吾《わ》れ専《もっぱ》ら竺典《じくてん》を攻《おさ》めんと。

元政上人は、決して頭ごなしに否定するようなことはなかった。自得することを重視していた。こうして、宜翁は儒教と仏教の異同を知り、天竺の典籍、すなわち仏典を学ぶことに力を入れるようになった。

北風が激しく吹き付ける五条橋で、宜翁は上人のそばに立ちはだかって上人を突風から守ろうとした。療養に出た上人から五日も連絡がなかった時は、「その病気は先生だけのものではなく、私のものでもあるのです」と諫めることもあった。そこには、師弟の関係を超えた友情もあったのであろう。それがあって、「帰り来たれ、ああ宜翁よ」という悲痛の叫びとなったのであろう。

# 第三章　元政上人の和歌

## 松永貞徳の門下たち

元政上人は、十歳から十三歳の間に和歌を松永貞徳《まつながていとく》に学んだ。貞徳も『法華経』信奉者で、多くの法華讃歌の歌を詠んだ（萩原本の二五四頁に収録）。

法華の題目のこゝろを
　をのづからはちすの上にのぼるべし妙《たえ》なる法の御名《みな》をとなへば

また既に述べた妙顕寺時代に元政上人が主催した歌会で詠んだ歌も二首残っている（萩原本、二五四頁に収録）。その一つ。

元政法師会に池蓮を

池水のにごりにしまぬ蓮《はちす》もや草木の中のほとけ成《なる》らん

汚泥《おでい》から生じて、池の水の濁りにも染まることなく清らかな華を咲かせる蓮は、草木の中の仏なのであろう——これは『法華経』従地涌出品《じゅうじゆじゅっぽん》第十五の地涌《じゆ》の菩薩の姿を表現した「如蓮華在《にょれんげざい》水《すい》」(蓮華の水に在るが如し)に基づくものである。もう一つ。

元政法師会に山家水鶏《くいな》を

あかれめやた丶く水鶏にき丶そへていく夜あかしの岡のまつ風

「いく」は「行く」と「幾」の、「あかし」は「明石」と「明かし」の、「まつ」は「待つ」と「松」の掛詞《かけことば》であろう。

別れめでありましょうか、戸をたたくような水鶏の鳴き声を聞きながら、あなたを待って幾夜眠らずに夜明かしをして朝を迎えたことか。あなたが行く明石の岡の松には風が吹いていることでしょう——とでも解釈できるだろうか。

貞徳は、俳諧歌も得意とするところで、

松永貞徳居士肖像（作者不詳、隆盛寺蔵）

銭金《ぜにかね》でねをさすならば鶯《うぐいす》のほうほけきやうも一ぶ八くわん

という歌は広く世に知られている。「ね」が「音《ね》」と「値《ね》」の掛詞であり、「一ぶ八くわん」が『法華経』の「一部八巻」と銭金の「一分八貫」を掛けてある。

このほか、望月長孝《もちづきちょうこう》（一六一九〜八一）や加藤磐斎《かとうばんさい》（一六二五〜七四）など多くの歌人たちとも交流した。蒔絵師《まきえし》で歌人の山本春正は、貞徳の同門でもあり『法華経』信仰のよしみで親近感が強かったようだ。

## 打它景軌の教えに共感

『艸山集』全三十巻を読む限りでは、和歌について元政上人に最も影響を与えた人物は、上人の交友関係について論じたところで既に触れた収玄居士、すなわち打它景軌《うつだかげのり》であるようだ。

上人は、「霞谷に会《かい》する詩歌の叙《じょ》」で自らを「妙子《みょうし》」と呼んで、収玄居士から和歌について学んだことを次のように記している。

妙子、少《わか》かりしとき、自《みずか》ら和歌を好む。而《しか》れども五斗《ごと》の為《ため》に絆《つな》がれて、親しく師に値《あ》はず。其《そ》の道を聞くこと無《な》し。既《すで》に林下《りんげ》に遁《のが》れて、麋鹿《びろく》に侶《とも》なふに至り、又《ま》た泉石烟霞《せんせきえんか》に縈《まと》われて、殆《ほとん》ど世と絶す。終《つい》に其の道を聞くことを得ず。而《しか》れども之《これ》を好むの癖、未《いま》だ瘳《い》へず。高眠の余り、時々野鳥と倶《とも》に吟《ぎん》ず。乃《すなわ》ち竹樹石壁に於《お》いて、書する者も亦《また》多し。然《しか》して後、窃《ひそか》に自得の処《ところ》有り。而も之《これ》を蔬笋《そじゅん》の腸に蘊《つ》むこと久し。一日、長安の収玄居士《しゅうげんこじ》、蛩然《きょうぜん》として霞谷《かすみだに》の居《きょ》を叩《たた》く。共に話して夕べに至る。偶《たまたま》、和歌の事に及ぶ。其《そ》の説、直ちに実際理地《じっさいりち》に入る。啻《た》だ遠く楢《なら》の葉の古《いにしへ》に及び、素鵞《そが》の昔に遡《さかのぼ》り、宇宙の初《はじめ》を極むるのみにあらず。妙子、掌《てのひら》を抵《う》ちて、喟歎《きたん》して曰《いわ》く、嗟乎《ああ》、是《こ》れ有るかな。唯《た》だ己《おの》れ之《これ》を自得せりと謂《い》へり。吾《わ》れ居士に遇《あ》はずんば、已《や》みなんのみ。居士の曰《いわ》く、未《いま》だし。子《し》、其の知見を開くと雖《いえど》も、未《いま》だ箇《こ》の事を究《きわ》めず。譬《たと》へば甘露《かんろ》の門を得て、悠々として遠く望むが如し。云何《いかん》ぞ夫《そ》の無量の荘厳を見んや。夫《そ》れ和歌の難きや、其の句法、声律《せいりつ》、精緻《せいち》の妙、季《き》に鍛《きた》え月に練《ね》り、朝《あした》に磨《ま》し夕《ゆう》べに琢《みが》いて、師に就《つ》きて之を裁し、友に会《かい》して之を正すにあらずんば、未だ与《とも》に議するに足《た》らず。妙子、愈《いよい》よ頷《うなず》く。是に於いて、西京の宅に留連《りゅうれん》し、嵯峨《さが》の亭に優遊して、日々夜々、吟鳴《ぎんめい》已《や》まず。

この引用文で「季に鍛え」としたところは、『標註　艸山集』では、「季に鍜《かげ》り」となっているが、これは「鍛」と「鍜」の文字が似ていることから転写の際の誤写であろう。「季に鍛え月に練り、朝に磨し夕べに琢いて」とすれば、「季」と「月」に「鍛練」の二文字を分かち、「朝」と「夕」に「琢磨」の二文字を割り振ったことが理解できよう。

元政上人は、若いころから和歌が大好きであった。けれども、米五斗のわずかな俸禄《ほうろく》のために出仕したことで、親しく和歌の師に出会うことがなかった。だから、その道について聞くこともなかった。既に出家して林のそばに隠棲し、鹿とともに暮らすに至り、人里から離れて、自然の中で生活したいという願いにとらわれて、世間とはほとんど隔絶している。ついに和歌の道を聞くことができなかった。けれども、和歌を好む習癖はいまだに治まることはない。世俗を離れて隠れ住むあまり、時々野鳥と共に詩を吟じては竹や樹、石壁に書きしるすことも多い。こうして、人知れず和歌の道を自得するところもあった。長い間にそれが積もり積もっていった。

そんなある日、京の都の収玄居士が足音を立てて霞谷の住まいに訪ねて来た。ともに語り合うこと、夕刻にまで及んだ。話は思いがけず、和歌のことになり、その説は、直ちに「実際理地」、すなわち「あらゆるものごとを成立させる根源の真理」（諸法実相《しょほうじっそう》）の話になった。奈良時代の古《いにしえ》のことに及び、素戔社《そがのやしろ》に祀《まつ》られるスサノオの時代の昔にまで遡《さかのぼ》り、さらには宇宙の始原を究めるだけではなかった。

元政上人は、掌を打ち、深い感動をもってため息をもらしながら言った。「言われてみると、確かにその通りです。ただ、私はそのことを自得していました。あなたに会わなければ、そのことを自覚することができなかっただけです」と。

すると、収玄居士が言った。「まだまだです。あなたがその知見を自得して開いたと言っても、いまだにそのことを究めつくしたわけではない。譬えば、甘露《かんろ》のニルヴァーナ（涅槃《ねはん》）の門戸をせっかく得たのに、遥か彼方から眺めているようなもので、どうして無量の荘厳を見ることができようか。和歌の難しさといったら、句法、声律、精緻《せいち》の妙、季節と月々に鍛練し、朝夕に琢磨して、師について和歌を裁定してもらい、仲間が一堂に集まってこれを正すのでなければ、一緒に議論するには値しません」と。

元政上人は、それを聞いて、ますます感心してうなずいた。こうして、上人は、西京にある収玄居士の邸宅を訪ねては、帰宅することを忘れて滞在し、嵯峨にある別荘「何有亭」では気ままに過ごして、日夜に詩歌を詠んでとどまることがなかった——。

三十一文字《みそひともじ》の言葉によって宇宙の始まりにまでさかのぼり、目に見える事物によって目には見えないものごとの根源を表現する和歌について語り合い、元政上人はそれを自得していたことが分かる。それは、後述する「諸法」によって「実相」を表現することに通ずるものである。

## 天地自然の声、万物の情

元政上人の歌集として『艸山和歌集』がある。元政上人は、詩文の作品は生存中に出版していたが、歌集は生存中には出版していない。そこには、百五十首が収められ、元政上人の辞世の歌で終わる形を取っている。多作の上人にしては百五十首と少ないことからして、存命中にある程度の上人自身の撰を経て、一六六八年に亡くなった後で弟子たちによって編纂され、出版されたものと思われる。この『艸山和歌集』が出版されたのは、上人没後四年目の寛文十二年（一六七二年）のことで、平楽寺《へいらくじ》村上勘兵衛によってなされた。

上人にとって、性霊説は漢詩だけでなく和歌の場合にもそのまま共通するものであったようだ。身近なことがらや、心の思いを平易な言葉で和歌を詠んだ。

上人の和歌に対する姿勢が、寛文六年（一六六六年）に妙《みょう》意《い》という老尼の歌集に寄せた次の「妙意嫗《おうな》の和歌の巻の後に題す」（萩原本、八七頁）という跋文《ばつぶん》（あとがき）から読み取ることができる。

和歌は天地自然の声、万物の情なり。情に感じて声に形《あら》はる。其《そ》れ唯《た》だ志を述ぶるの言のみ。偽《ぎ》飾《しょく》を以《もっ》て事とせず。之《これ》を花木に譬《たと》ふ。自ら生ずる者は意態、天然にして疎密《そみつ》愛すべし。人その整斉《せいせい》ならざる事を嫌はず。剪裁《せんさい》より成る者は粉飾《ふんしょく》十分にして整斉ならざることなしと雖《いえど》も、只《ただ》俗眼を悦《よろこ》ばしめるに足れり。丈夫《じょうぶ》の玩《もてあそ》びとなすべからず。〔中略〕中心より出でて粉飾を事とせず、亦《ま》た其《そ》の人と為《な》りを想見すべし。〔中略〕凡《およ》そ文章、中心より出る者は伝ふべし。偽飾より生《なれ》る者は伝ふと雖も能《よ》く久しからんや。

元政上人は、「天地自然の声」に耳を傾け、「万物の情」を感じて、和歌という形で表現していたということだろう。草花や木々が生ずるにも、まばらであったり、密生していたりするものだが、それもそのまま愛《め》でるべきものとしていた。下手《へた》に手を加えて剪定《せんてい》したりするのは、俗人の眼を悦ばせるのみである。

こうした譬えが示すように、自ら感じて心の中から込み上げてきたことを何の粉飾も加えずに、感じたままに表現していたのである。それは、漢詩を詠むことについて論じていたことと軌を一にしている。

萩原本（一一五～一二二頁）には、『艸山和歌集』（百五十首）編纂後に収集された和歌白首を増補した『元政上人詠類題集成』（二百五十首）が収録されている。その中から、「春歌《はるうた》」「夏歌《なつうた》」「秋《あき》歌《うた》」「冬歌《ふゆうた》」「釈教歌《しゃっきょうか》」「雑歌《ぞうか》」「哀傷歌《あいしょうか》」の主だった歌を見てみよう。

## 春の歌

まず「春歌」として収録された三十八首を見て気づくのは、その内二十四首に「春」という文字が用いられているということである。

「春たつこころを」と前置きして詠んだ歌がある。その歌は、既に紹介したが、ここは解説のために再度、引用する。

凍りゐし野なかの清水うち解けてもとの心にかへる春かな

野中にわき出る清水が、冬の間、がちがちに凍りついていたけれども、春がやってくると氷も解けて元のように清流が流れ出した。凍てついていた心も元に戻って華やいでくる春であることよ――。季節が春になってくると、心も春めいてくるという歌である。
前置きに「年のうちに春立ちける日」とある歌。

逢坂《おうさか》の関路《せきじ》をこえてあらたまの年のこなたに春は来にけり

陰暦では、閏《うるう》月のある年は必ず年内の十二月に立春が来ることになっている。その春は、山城国と近江《おうみ》国の国境にあった逢坂の関所を越えてやって来ると言われているが、年が改まるよりも前に、年内の十二月に春が来てしまった――という歌である。

漢詩の「新居」も春の到来とともに身と心に力がみなぎってくるのを喜ぶ詩であったが、和歌においても「春は来にけり」という感慨が詠まれているようだ。

また、「空山無人水流花開といへることを思ひて」と前置きした歌を見てみよう。


人はこでむなしき谷に水ながれ花さく山のはるぞしづけき

訪ねてくる人はだれもいない。何もない谷にはただ水が流れるだけであり、花が咲いている山の春は、何と静かなことであろうか――。

豊かな自然に包まれ、心も豊かになってくる歌である。

## 夏の歌

「夏歌」二十首には、「ほととぎす」を詠ったものが半分の十首含まれている。その中の「曙郭公」と前置きした歌。

たぐひやはありあけの山のほととぎす月もくもまの空の一声《ひとこえ》

冒頭の「たぐひやはあり」を分解すると、「たぐひ」は「類い」、「やは」は反語の係助詞で不可能を意味し、「あり」は動詞の「あり」と「有明」の「有《あり》」の掛詞になっている。有明の月は、十六夜《いざよい》以降、夜遅く出て、明け方まで空に残っている下弦の月のことである。

ホトトギスは、「郭公」「子規」などと書かれるが、夏を告げる鳥として「時鳥」とも呼ばれる。夜に鳴く鳥として珍重され、その年に初めて聞くホトトギスの鳴き声を忍《しの》び音《ね》といって、これも珍重された。その初音《はつね》を人より早く聞きたくて夜を徹して待つ人の姿が『枕草子』(第四八段、一〇四段)に描かれている。そのような背景があってのこの歌である。

十六夜を過ぎた夜、遅く出て輝いていた月も夜明け前になって雲の間に隠れてしまった。夜明け前の最も闇の深いその時、山のホトトギスが、

キョッキョ、キョキョキョキョキョッ

と鳴いた。鋭くけたたましいその一声が、闇と静寂を切り裂いて夜空に響いた。その忍び音は、ほかに比較すべきもののあるはずがない。もうすぐ夜明けだ――。

このほかにも、「山里にてほととぎすをききて」と前置きして、次の二首を挙げている。

しのび音《ね》もやすくや漏らすほととぎす我ひとり住む松のとぼそに
ほととぎす汝《なれ》もみ山を出《い》でていなばいとど語らふ友やなからむ

ホトトギスは、旧暦四月（卯月《うづき》）にやって来て、忍んで鳴くとされ、五月（皐月《さつき》）になれば声高に鳴き、六月（水無月《みなづき》）になると鳴き方も少なくなる。五月でも六月でもない閏《うるう》五月には、鳴いてよいのかどうか、迷い気味に鳴くと理解されていたようだ。

本来ならばホトトギスが忍んで鳴く時なのに、私（元政上人）がただ独り住んでいる松の戸の庵のそばでは、たやすく忍び音を漏らしている。それを、元政上人は、ホトトギスが自分のことを友と思って語りかけていると受け止めたのであろう。「ホトトギスよ、あなたもこの山を出ていけば、心から語り合うことのできる友がいないのであろう」と、自らの立場に重ねて詠んでいる。

## 秋の歌

「秋歌」五十首のうち、二十四首は「月」を詠ったものである。
前置きに「月を見て思ひつづけける」とある歌。

なほふかく見てこそやまめ山里のさびしさあかぬ秋の夜の月

見るのをやめるなら、さらにじっくりと見てからやめるべきであって、いくら見ても山里の寂しさが飽きることのない秋の夜の月であることよ——。

人里離れた山里にあって秋の夜の月を眺めていると、心の寂しさはいや増すばかり。月を通して、その心の寂しさを深く深く見極めたいものだ——という極めて内観的な歌である。

月をめぐる内観的な歌は、「釈教歌」としてまとめられた中にもある。

山ふかくたづねもいらじおのづから澄めるこころの月をだに見ば

山深く訪ねることは必要ない。本来、あるがままで澄み切っている自己の心の月を見るならば——というものだ。

「月前鐘」と前置きした歌。

眺めやるとをちのさとのかねの音《ね》もきこゆばかりに澄める月かな

遥かに眺めやられる十保市《とをち》の里にある鐘の音も、聞こえるほどに澄み切った月であることよ——。

夏のじめじめした空気とは打って変わり、秋から冬にかけては気温が下がるだけでなく、大陸から乾燥した空気が入り込むために空気も乾燥する。気温が低いと、空気の分子運動も弱くなり、塵を空気中に留める力が弱くなる。従って、秋から冬の空気には光の進行を遮《さえぎ》る塵や水蒸気が少なく、月や星が澄んできれいに見える。それは、光と同様に音の場合も同じであろう。元政上人は、澄んだ空気の中で音と光が直進しやすいということを直感的に感じて、それを歌に詠んだのである。聴覚と視覚を一体化させたその感性の鋭さに驚かされる。

## 冬の歌

「冬歌」二十五首のうち、十五首は「雪」を詠っている。深草の冬は、それだけ雪深いものであったのだろう。

前置きに「雪ふりつもるあした」とした歌。

　里の犬のあとのみ見えてふる雪もいとど深草冬ぞさびしき

雪降る深草の庵を訪ねる人はなく、雪の上には飼い犬の足跡だけが見える。大変に雪深い深草の庵は冬こそが寂しいのだ――。

冬の寒さが厳しい深草には、春の到来も遅かったのだろう。上人は、次のような詩も詠んでいた。

　　春　雪
　山寒春甚浅
　飛雪尚縦横
　窓外落花影
　檐間残雨声
　閑僧囲火語
　飢鳥逼人鳴
　風竹揺無已
　紛々埋不成

　　春《はる》の雪《ゆき》
　山《やま》寒《さむ》くして春甚《はるはなは》だ浅《あさ》く
　飛《と》ぶ雪《ゆき》は尚《なお》、縦横《じゅうおう》
　窓外《そうがい》に落花《らっか》の影《かげ》
　檐間《えんかん》に雨声《うせい》を残《のこ》す
　閑《しず》かに僧《そう》、火《ひ》を囲《かこ》みて語《かた》り
　飢《う》えたる鳥《とり》は人《ひと》に逼《せま》りて鳴《な》く
　風《かぜ》に竹《たけ》は揺《ゆ》れて已《や》むこと無《な》し
　紛々《ふんぷん》として埋《うず》むることを成《な》さず

暦の上で春になったとはいえ、春はまだ浅く、深草山は寒い。雪が縦横に舞い飛び、梅の花が舞い落ちる影が窓に映る。軒端《のきば》には雨垂《あまだ》れの音がして、竹が風に揺れ続けている。乱れ降る雪は積もることはない。そのような中で、僧侶は火鉢を囲んで静かに語り、鳥は餌にありつけず、森の中から出てきて人に迫るように鳴き続けている――。

どこか、「早春賦《そうしゅんふ》」（吉丸一昌《よしまるかずまさ》作詞）を思わせる詩だが、「早春賦」では、「谷の鶯、歌は思えど、時にあらずと声もたてず」と、鶯が口を閉ざしているのに対して、この詩では餌にありつけなくなった鳥たちが盛んに鳴いているところが異なっている。

なかなか春の温かさが訪れない深草の里で、僧である上人が、静かに語りつつ春の到来を待っている姿が目に浮かぶ。

## 仏教思想を詠む

春夏秋冬の四季をテーマとした歌のほかに、仏教思想に基づいて詠まれた「釈教歌《しゃっきょうか》」が、二十二首ある。その主なものを見てみよう。

ある人から「妙」の一字を用いて歌を詠んでくださいと頼まれて詠んだ歌がある。既に挙げた歌だが、解説のために再録する。

こころにも及ばぬものは何かあると心にとへば心なりけり

心にも及ぶことのできないものが何かあるかと心に問うてみると、それは心であるという答えが返ってくる――。「妙」とは、「妙法蓮華経」の妙であり、鳩摩羅什《くまらじゅう》によって「正しい」と「最も勝れた」という意味を込めて漢訳され、さらに「不可思議」という意味でも用いた。

筆者が、サンスクリット原典から『法華経』を現代語訳して気づいたことは、vara（最も勝れた）という語が「妙」と漢訳されているということだった（拙著『思想としての法華経』一〇〇～一〇六頁参照）。

その「妙」を日蓮聖人は大変に重視していた。『法華経題目抄《ほけきょうだいもくしょう》』では、「妙」に込められた「開く」「具足・円満」「蘇生」という三つの意義が論じられている。

まず、第一の「開く」義については、

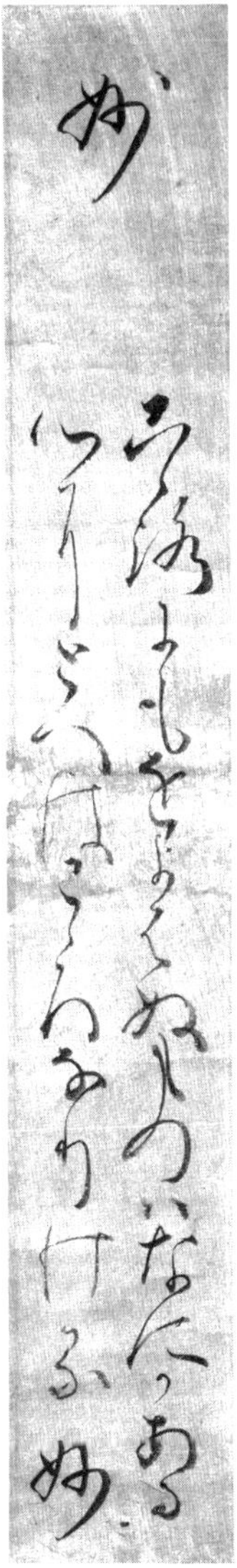

「妙」をテーマとして詠んだ和歌の短冊（隆盛寺蔵）

妙とは法華経に云《いわ》く「方便の門を開いて真実の相を示す」。章安《しょうあん》大師の釈に云く「秘密の奥《おう》蔵《ぞう》を発《ひら》く之《これ》を称して妙と為《な》す」。妙楽大師、此《こ》の文を受けて云く「発《ほっ》とは開《かい》なり」等云云《うんぬん》。妙と申す事は開という事なり。世間に財を積める蔵に鑰《かぎ》なければ、開く事かたし。開かざれば蔵の内の財を見ず。〔中略〕而《しか》るに仏、法華経を説かせ給いて諸経の蔵を開かせ給いき。此《こ》の時に四十余年の九界《きゅうかい》の衆生、始めて諸経の蔵の内の財をば見しりたりしなり。

「開く」義とは、『法華経』こそが「諸経の蔵の内の財」を開いてくれる鍵であり、一切衆生の成仏の道を開くものであるということである。

第二の「具足・円満」の義は、

妙とは天竺には薩《さつ》と云《い》い、漢土には妙と云う。妙とは具の義なり。具《ぐ》とは円満の義なり。法華経の一一《いちいち》の文字・一字一字に余の六万九千三百八十四字を納めたり。譬《たと》えば大海の一渧《いったい》の水に一切の河の水を納め、一の如意宝珠《にょいほうじゅ》の芥子《けし》計《ばか》りなるが、一切の如意宝珠の財を雨《あめふ》らすが如《ごと》し。

「薩《さつ》」は、天竺（インド）の言葉であるサンスクリット語の「サット」（sat）を音写したもので、それは「正しい」という意味である。『法華経』のタイトルにある「プンダリーカ」（白蓮華《びゃくれんげ》）は、複合語として用いられると、「白蓮華のように最も勝れた」という譬喩的意味が出てくる。そこで鳩摩羅什は、「正しい」と「最も勝れた」の二つの意味を込めて、「妙」と漢訳した（拙著『思想としての法華経』第二章を参照）。

『法華経』の正式名称である『妙法蓮華経』の冒頭に用いられた「妙」という文字には「具足・円満」という意味も込められていると日蓮聖人は言う。部分に全体を具足して、何も欠けたものがない円融円満という意味である。漢訳の『法華経』は、六万九千三百八十四文字で書かれているが、その一文字一文字自体に、六万九千三百八十四文字を含んでいるのだ。六万九千三百八十四文字で表現された『法華経』の思想を一文字一文字が表現しているということであろう。それは、大海の一滴の水であっても、あらゆる河から流れ込んできた水を含んでいるし、如意宝珠が芥子の実ほどの小さなものであっても、あらゆる宝物を含んでいるので、意のままに種々の宝物を生じて雨のように降らせることができるようなものである。

この例が意味しようとしていることは、部分観しか説かれていないものが全体観であるかのように幅をきかせると、問題が起こる。そこにおいて、全体観の立場からその部分観を位置付けてやれば意味を持ってくる。このように部分を全体の中で生かすということが『法華経』を「妙」とするゆえんである。

ただ、ここに「六万九千三百八十四字」とあるが、どのような数え方をしたのか分からない。京都・妙顕寺の末寺である金沢市の妙應寺住職の森田本淳氏が何度数えても「六万九千四百二十字」だったと教えてくださったことを、ここに注記しておく。

そして第三の「蘇生」の義は、次のように説明されている。

妙とは蘇生の義なり。蘇生と申すはよみがへる義なり。譬へば黄鵠《さい》の子死せるに、鶴の母、子安《しあん》となけば、死せる子還《かえ》つて活《よみがえ》り、〔中略〕死せる者皆よみがへるが如く、爾前《にぜん》の経経にて仏種をい（炒）りて死せる二乗《にじょう》・闡提《せんだい》・女人《にょにん》等、妙の一字を持《たも》ちぬれば、い（炒）れる仏種も還《かえ》つて生ずるが如し。天台云く「闡提は心有り、猶作仏《なおさぶつ》すべし。二乗は智を滅す、心生ず可からず。法華、能《よ》く治《じ》す、復《また》称して妙と為《な》す」と。〔中略〕法華経は死せる者をも治するが故に妙と云ふ釈なり。

釈尊が亡くなって次第に教団は保守化し、百年経ったころには権威主義化して、男性出家者中心主義になり、在家は阿羅漢になれないし、女性は穢《けが》れていて成仏できないなどと主張し始めた。それから三百年ほどして、そのように主張する教団を小乗仏教と貶称《へんしょう》し、自らを大乗仏教と称して、だれでも菩薩になれるし、覚りを得ることができると主張した。ただし、小乗仏教の出家者（声聞と独覚の二乗《にじょう》）は例外で、成仏の種《たね》を炒《い》ってしまって、芽が出ることもなく、永遠に成仏できないもの（永不成仏《ようふじょうぶつ》）とされた。このように、小乗と大乗の意見が対立し、双方とも特定の人が成仏から除外されるという事態に陥っていた。そこで両者の意見対立を止揚する課題を担って登場するのが『法華経』であった。『法華経』は一仏乗の教えを説いて、二乗（小乗の出家者）・女人《にょにん》・悪人だけでなく、あらゆる人が成仏できることを説いた。それは、死せる人を蘇生させるようなものであるというのだ。

インドでは、あらゆる人の成仏を説く一仏乗の思想、その中でも二乗作仏の思想が高く評価されていた。龍樹の著作とされる『大智度論《だいちどろん》』は、『般若経』の注釈書でありながら、『法華経』を何度も引用して、二乗作仏を説く『法華経』のほうが『般若経』よりも勝れていると述べ、ヴァスバンドゥ（世親《せしん》）の『法華経論《ほけきょうろん》』も一仏乗の平等思想を評価していた。

以上のように意義づけされる「妙」だが、日蓮聖人は、その原義を次のように論じていた。


抑《そもそも》妙とは何と云《い》ふ心ぞや。只《ただ》我が一念の心、不思議なる処《ところ》を妙とは云ふなり。不思議とは、心も及ばず、語も及ばずと云ふ事なり。然《しか》ればすなはち、起るところの一念の心を尋ね見れば、有りと云はんとすれば色も質もなし。又《また》無しと云はんとすれば、様様に心起る。有《う》と思ふべきに非ず、無《む》と思ふべきにも非ず、有無の二の語も及ばず、有無の二の心も及ばず、有無に非ずして而《しか》も有無に偏《へん》して、中道一実《ちゅうどういちじつ》の妙体にして、不思議なるを妙とは名《なづ》くるなり。

（『一生成仏抄《いっしょうじょうぶつしょう》』）


一念の心というものは、有ると言おうとすると色も形もないし、無いと言おうとすれば種々の心の思いが現れる。有と決めつけるわけにもいかないし、無と決めつけるわけにもいかない。有無のいずれか一方であるのではないが、有無の両方に偏（遍）していて何とも不可思議なものである――。そうした心の在り方が、「妙」なるものの典型だとして元政上人は、和歌に詠んだ。

『一生成仏抄』のこの一節が念頭にあったのであろう。

## 十界を詠む

天台大師は、その心のすべての境地を地獄《じごく》・餓鬼《がき》・畜生《ちくしょう》・修羅《しゅら》・人《にん》・天《てん》・声聞《しょうもん》・縁覚《えんがく》（独覚《どっかく》）・菩薩《ぼさつ》・仏《ぶつ》の十種に分類して十界《じっかい》と呼んだ。元政上人は、十界それぞれに即した和歌を残している。そのすべての歌が、元政上人の手による短冊として萩原本の一〇〇〜一〇三頁に収録されている。十界のそれぞれを説明的に詠んだ歌ではなく、仏教用語を用いることなく、自然界のものごとを通してその本質を表現している。

まず、「地獄界」については、

思ひとかばとづる氷のくれなゐももとよりきよき胸のはちすを

萩原是正師の解説（萩原本、一〇〇頁）を参考にすると、秋に紅葉した木の葉が散って水に落ち、冬に凍りついた。氷に閉ざされた紅葉の紅《くれない》は、八寒《はちかん》地獄の一つである紅蓮《ぐれん》地獄を思わせる。けれども、氷のように閉ざされた心の思いを解かせば、あらゆる衆生の胸中にもともと清らかな蓮華がそなわっているものを——となる。

十界を詠んだ和歌の短冊（隆盛寺蔵）

次に「餓鬼界」。餓鬼は、常に飢えと渇《かわ》きに苛《さいな》まれ、食べ物に出くわしたとしても、それを手にしたとたん、火に変わってさらに苦しめられ、その火に水をかければ、水は薪となって火の勢いを増して苦しみをさらに増大させ、決して満たされることがないとされる。

たとひそのほりかねの井はもとむ共露《ともつゆ》だにあかじ武蔵野《むさしの》の原

表土が関東ローム層に覆われ、その下に砂礫層《されきそう》が堆積《たいせき》している武蔵野台地では、地下水脈が深く、水を得るには深い井戸を掘らなければならなかった。崩れやすい砂礫層に直接深い井戸を掘ることは困難で、まずすり鉢状に大きな穴を硬い地盤まで掘り下げ、そこから通常の井戸を掘るという方式が取られた。「ほりかねの井」とは、「掘りかねる井戸」という意味が込められているという。このことを念頭に置いて、この歌を解釈すると、次のようになる。

武蔵野台地ではなかなかに井戸は掘りかねるものだが、その井戸を求めて水にありつくことができたとしても、武蔵野の原の草に置く露ほどに、喉の渇きが癒されることはなく、少しも満たされることはないであろう――。

「ほりかねの井」は、清少納言《せいしょうなごん》（九六六ごろ～一〇二五ごろ）が、『枕草子《まくらのそうし》』で武蔵野の地に思いを馳せて「井は、ほりかねの井」と記したことで話題になり、多くの歌人たちが取り上げて歌に詠んだ。

その中で藤原俊成は、『千載和歌集《せんざいわかしゅう》』に収録された釈教歌で、『法華経』法師品《ほっしぼん》に説かれる

「高原穿鑿《こうげんせんじゃく》の譬《たと》え」に基づいて、

武蔵野の堀兼の井もあるものをうれしく水の近づきにけり

と詠んだ。

「高原穿鑿の譬え」とは、『法華経』の法門を聞かない間は、菩薩の修行に熟達していないことになるが、この法門を聞いて信順し、了解するならば、無上の覚りに近づいたことになるということを譬えたものである。それは、次の通りである。

それはちょうど、誰かある人が水を求め、水を捜しているようなものである。その人か、水を得るために地上の堅い不毛の地（砂漠）において井戸を掘らせるとしよう。乾燥した白っぽい土が運び去られているのを見ている間は、その人は、「水はここから、ずっと遠いところにある」と知るであろう。ところで他の時に、水分を含んだ湿った土が泥のぬかるみとなって、水滴をしたたらせて運び出されていたり、また、井戸を掘るそれらの人々の手足が泥のぬかるみで汚れているのを、その人が見るとしよう。その時、〝薬の王〟よ、その人は、初めて現われたその瑞相を見て、「水はすぐ近くにある」と考えて、惑いも、疑いもなくなるであろう。

（拙訳『サンスクリット原典現代語訳　法華経』上巻、二六七～二六八頁）

なかなかに到達し難い水に到達した喜びの譬えを、「掘りかねる井戸」に当てはめて、俊成は歌に詠んでいたのである。いずれも、「ほりかねの井」で水に到達し難いことを意味しているといえよう。それを、元政上人は飢えと渇きが満たされることのない餓鬼界の表現として歌に詠んだのである。

次に「畜生界」。

小車《おぐるま》のをもきがうへに負《おう》杖もめぐるむくひをうしとしらなん

牛という畜生に生まれて、軛《くびき》をつけて荷車を曳《ひ》かされる。車が重いだけでなく、杖でたたかれ追い立てられたりする。それは、自らの行ないの結果として、めぐりめぐって受ける報いであるので、つらい（憂し）ことだと知ることであろう——。

「うし」は、「牛」と「憂し」の掛詞であろう。

次に「修羅界」。

それをだになどあらそひて雪折《ゆきおれ》のはては見にくき松のすがたぞ

これに対して、萩原是正師は、萩原本（一〇一頁）で次のように説明している。

そんな些細《ささい》な事をさえどうして争ったものか、雪の重みに逆らって枝が折れ、結局は良い枝が折れ、結局は良い枝ぶりを失ってみにくい姿となった松であるよ――。

天台大師は、修羅を分析して、

若《も》し其《そ》の心、念々に常に彼に勝《まさ》らんことを欲し、耐へざれば人を下し、他を軽しめ、己《おのれ》を珍《たっと》ぶこと鵄《とび》の高く飛びて視下《みお》ろすが如《ごと》し。（『摩訶止観』）

と述べている。常に自分が人よりも勝れていることを満たされていなければ気がすまないので、他者とのいさかいが絶えない。その姿の醜さを雪折れした松の木の姿で表現している。

次は「人界」。

うらやまず心にみつのたのしみも後世《のちのよ》しらぬ人のたぐひは

人界は、地獄・餓鬼・畜生の三悪道《さんあくどう》（三悪趣《さんあくしゅ》＝三つの悪しき境遇）、およびそれに修羅を加えた四悪趣《しあくしゅ》（四つの悪しき境遇）と、天・声聞・独覚・菩薩・仏の五つの中間に位置している。悪しき状態と、善なる状態との中間にあって、どちらにも可能性が開かれている中間的存在が人間だということで、善に転ぶか、悪に転ぶか、どちらにも道が開かれている。それなのに、せっかく人間として生まれて、一仏乗の教えが説かれた『法華経』を通して、覚りを得て成仏する道が説かれているのに、それを願望することもなく、心に満ちてくる楽しさも、来世のことも知らずにいるような人たちのことは残念でならないことだ――と人界の衆生の求道心《ぐどうしん》のなさを嘆く歌である。

次の「天界」は、

色もなくむなしき空《そら》をきはめてもなを限りある世をや歎《なげ》かむ

天界は、以上の六界、すなわち六道の中で最高位ではあるが、あくまでも六道の一つであり、輪廻《りんね》を免れることはない。天人も衆生にすぎない。天人といえども、天人五衰《てんにんごすい》と言って、①衣《え》服垢穢《ぶくくえ》（衣服が垢《あか》で汚れる）、②頭上華萎《ずじょうけい》（頭上の花の冠がしぼむ）、③身体臭穢《しんたいしゅうえ》（身体が汚れて臭くなる）、④腋下汗流《えきげかんる》（腋《わき》の下から汗が流れ出す）、⑤不楽本座《ふらくほんざ》（本来いるべきところを楽しめない）――といった五つの衰えを免れることはない。だから、天界と言っても、色もない虚しい空《そら》にすぎず、それを極めたと思っていても、最終的には六道輪廻という限りある世界の範囲内のことだと歎くことであろう――。

以上は、六道だが、いずれも自己を取り巻く状況の善悪によって毀誉褒貶《きよほうへん》に一喜一憂する在り方で、「法」に基づく「自己」への自覚が乏しい。「法」と「自己」を求める在り方に目覚めてはじめて以下の声聞、独覚、菩薩、仏の「四聖《ししょう》」という在り方に移行する。その違いを「六凡四聖《ろくぼんししょう》」という言葉で表現した。

「四聖」の中でまず「声聞界」については、

　四十年《よそじ》余《あま》りかれたる木にも鷲の山法《のり》の華さく春にあふらし

萩原是正氏は、萩原本（一〇二頁）で次のように解説している。

　四十年以上にわたって枯れていた木にも、霊鷲山《りょうじゅせん》で説かれた仏法の花が開く春が訪れたらしい。

少し補足すると、釈尊は、近年では「二十九歳出家、三十五歳成道《じょうどう》」とされるが、日本では古来、「十九出家、三十成道」と考えられていた。『法華経』が説かれたのは、七十二歳からという設定で、『法華経』以前の教えが四十二年間説かれたとされていた。その間には小乗と大乗の教えがあり、小乗仏教は、前述のように、「在家は阿羅漢にもなれない」「女性は穢れていて成仏できない」と主張し、大乗仏教は「小乗の出家者である声聞は、〝炒《い》れる種《たね》〟で永遠に成仏できないもの」と批判してきた。

ところが、霊鷲山において『法華経』が説かれると、冒頭から一切衆生の成仏を説くのが如来の一大事因縁《いちだいじいんねん》であると告げられ、まず声聞の成仏が明かされた。それは、これまで枯れ果てていた木に仏法の華が咲き、春がやってきたようなものであった。

八番目の「縁覚界《えんがくかい》」は、

月日かくをくれさきだつ中空《なかぞら》のやみにもひとり出《いづ》るやま人

縁覚は、師なくして縁起の理法を独自に覚った人のことで、独覚《どっかく》とも言われる。それは、月が沈んでしまって月を観るのに遅れ、太陽が昇るのに先立って、月も日もない天空に暗闇が広がっているが、そこに一人の仙人が現れたようなものである。

九番目の「菩薩界」は、

なべて世におほふ衣のさかさまに又きしかたのみちやたづねむ

総じて、身を覆う衣服を裏返しに着て寝ると、恋しい人を夢に見るといわれる。夢に菩薩と出会って、菩薩がこれまで修行してきた道について尋ねたいものだ——。ここは、意味の取りづらいところで、この解釈はあくまでも私論にすぎないことを断っておく。

十番目の「仏界」は、

今は世をすくふこゝろも忘貝《わすれがい》さながらもれぬあみのめぐみに

今の世の人々は、世の中の人々を救おうという仏の心を忘れ去ってしまっていて、そのまますべて網の目を漏れて、仏の恵みに預かることができないでいる――。

これは、あらゆる人に具わる仏性のこととしてではなく、その仏性を指し示している仏の心を衆生が忘れ去ってしまっていることのほうを歌として詠んだものだ。

## 聖徳太子を詠む

「雑歌」としてまとめられた歌の中に、元政上人が読書の後に詠んだ歌を挙げている。例えば、『聖徳太子伝《しょうとくたいしでん》』を読んだ後に詠んだのであろう。「太子伝をよみしついでに」と前置きして、次の二首を挙げている。

よしあしと分かれし末の法《のり》はみな難波《なにわ》のみつの流れなりけり

すゐの世にたれ汲《く》みて知る法の水とみのをがはは

なほ絶えねども

難波（大阪）には聖徳太子が建立したと伝えられる四天王寺がある。現在は仏法が衰える末法であり、善悪の二つの道に分かれてしまったが、その仏法は、もとをただせば難波の四天王寺を創建した聖徳太子に発する水の流れであったのだ――。

「とみのをがは」は「富小川」や「富雄川」と書かれるようだが、これも聖徳太子が創建した斑鳩《いかるが》の法隆寺（斑鳩寺）の近くを流れる川のことである。

富の小川は奈良県を流れる大和川水系の支流である。大和川は古来、舟運にも活用されていて、『日本書紀』には遣隋使《けんずいし》の小野妹子《おののいもこ》とともに来日した裴世清《はいせいせい》ら一行が難波津《なにわづ》から舟で大和川をさかのぼり、初瀬川から三輪山麓の海石榴市《つばいち》に上陸し、飛鳥《あすか》の宮に至ったと記されている。遣隋使も大和川を下り、難波の港から中国に向かったのであろう。遣隋使が派遣されたのは、隋《ずい》（中国）の仏教や政治等の学問を学ぶためであった。

『拾遺和歌集《しゅういわかしゅう》』（一〇〇六年頃）や『新千載和歌集』（一三五六年）にも、それぞれ次の歌が見られる（いずれも、詠み人知らず）。

いかるがやとみの小川の絶えばこそ我が大君《おおきみ》のみなを忘れめ
斑鳩やとみの小川の流れこそ絶えぬ御法《みのり》の始《はじめ》なりけり

古来、日本に仏教が伝来し、「大きみ」（聖徳太子）に始まる仏法の流れを「とみの小川の流れ」で象徴させてきた。元政上人の歌も、そうした伝統を踏まえたものである。その意味は、現在は、仏法が衰える末法と言われる時代であり、聖徳太子に始まる仏法の水を汲み取っても、だれがそのことを理解するであろうか。富の小川の流れは今なお絶えることはないのに——ということだ。

このように末法の時に仏法が衰えた中で、元政上人は、仏法の深遠な教えを探究する決意を述べた詩も詠んだ。

次韻節山
鷲峰一別二千秋
今向山中復聚頭
正是真風零落日
共君拾葉欲窮幽

節山《せつざん》に次韻《じいん》す
鷲峰《じゅほう》一別《いちべつ》して二千秋《にせんしゅう》
今《いま》山中《さんちゅう》に向《む》かって復《また》頭《こうべ》を聚《あつ》む
正《まさ》に是《こ》れ真風《しんぷう》零落《れいらく》の日《ひ》
君《きみ》と共《とも》に葉《は》を拾《ひろ》って幽《ゆう》を窮《きわ》めんと欲《ほっ》す

釈尊と霊鷲山で別れて二千年の歳月が流れた。今、霊山に向かって志のある人を集めよう。今は、まさに風に吹かれて木の葉が落ちてしまった。そのように、仏法も落ちぶれている。あなたと共に、落ちたその葉を拾い集めて、深遠な教えを究めよう——。

# 第四章　紀行文『身延道の記』

## 和文で書かれた傑作

これまで元政上人の漢詩と、和歌についてそれぞれ見てきたが、その二つを織り交ぜてなった文学作品がある。七十九歳の母を伴って身延、さらには江戸の地まで赴いた旅日記『身延道の記』だ。それは、『身延行記』と称されることもある。

『艸山集』をはじめとする元政上人の著作の大半が漢詩文であり、和文で書かれたものは極めて少ない。『身延道の記』は、その数少ない和文で書かれたものの中の傑作である。

これは、万治二年（一六五九年）、三十七歳となった元政上人が、その前年に八十七歳で亡くなった父の遺骨を納めるために、母の願いを聞き入れて身延山を訪れた際の旅日記である。八月十三日に京都・深草を出発し、途中で名古屋の姉夫婦を訪ね、身延からさらに井伊家の江戸藩邸に長姉と、その子、第三代彦根藩主、井伊直澄公を訪ねて、京都に戻るまでの一ヵ月半に及ぶ旅であった。その記録は、十月五日の関が原あたりの描写で終わっている。今日の太陽暦では、九月二十九日から十一月九日に相当し、秋の気配が深まりゆく道中の風光と故事を記した旅の文学であった。旅の目的は、報恩・孝養にあったといえよう。「仏教をならはん者、父母・師匠・国恩をわするべしや。此の大恩をほうぜんには必ず仏法をならひきはめ、智者とならで叶《かな》ふべきか」(『報恩抄《ほうおんしょう》』)という日蓮聖人の言葉通り、まずは宗祖日蓮聖人への報恩、そして両親への親孝行、特に高齢の母の願いを聞き入れ、身延に参詣すること、さらには嫁に行ったきり再会するのが困難な二人の姉に母を会わせること、上人出家の際の師・日豊上人を池上本門寺に訪ねることなどといった報恩の旅であった。その旅の日記は、広範な読書量に裏付けされた教養と機智に富む紀行文であった。

『身延道の記』の草稿が仕上がったのは万治二年のことで、寛文三年(一六六三年)に刊行された。一部に仏教の思想に言及したところや、漢詩については、漢学の素養なしには理解しにくいところもあり、庶民の間で愛読されるには難解なところがないとはいえない。けれども、和文で書かれたところを読むと、旅の途上の風光、人の言動などを描写する筆力はひときわすぐれ、簡潔にして歯切れの良い文章で、名文である。

元政上人は、深草を発って日本橋に到るまでを記した上巻と中巻の自筆草稿を巻子本《かんすぼん》として残した。その全文は、萩原是正師の尽力で平塚の隆盛寺に収蔵され、同師が上梓された『深草元政上人墨蹟』(一六六~一八二頁)にそのすべてが収録されている。それを見ると、推敲の跡を垣間

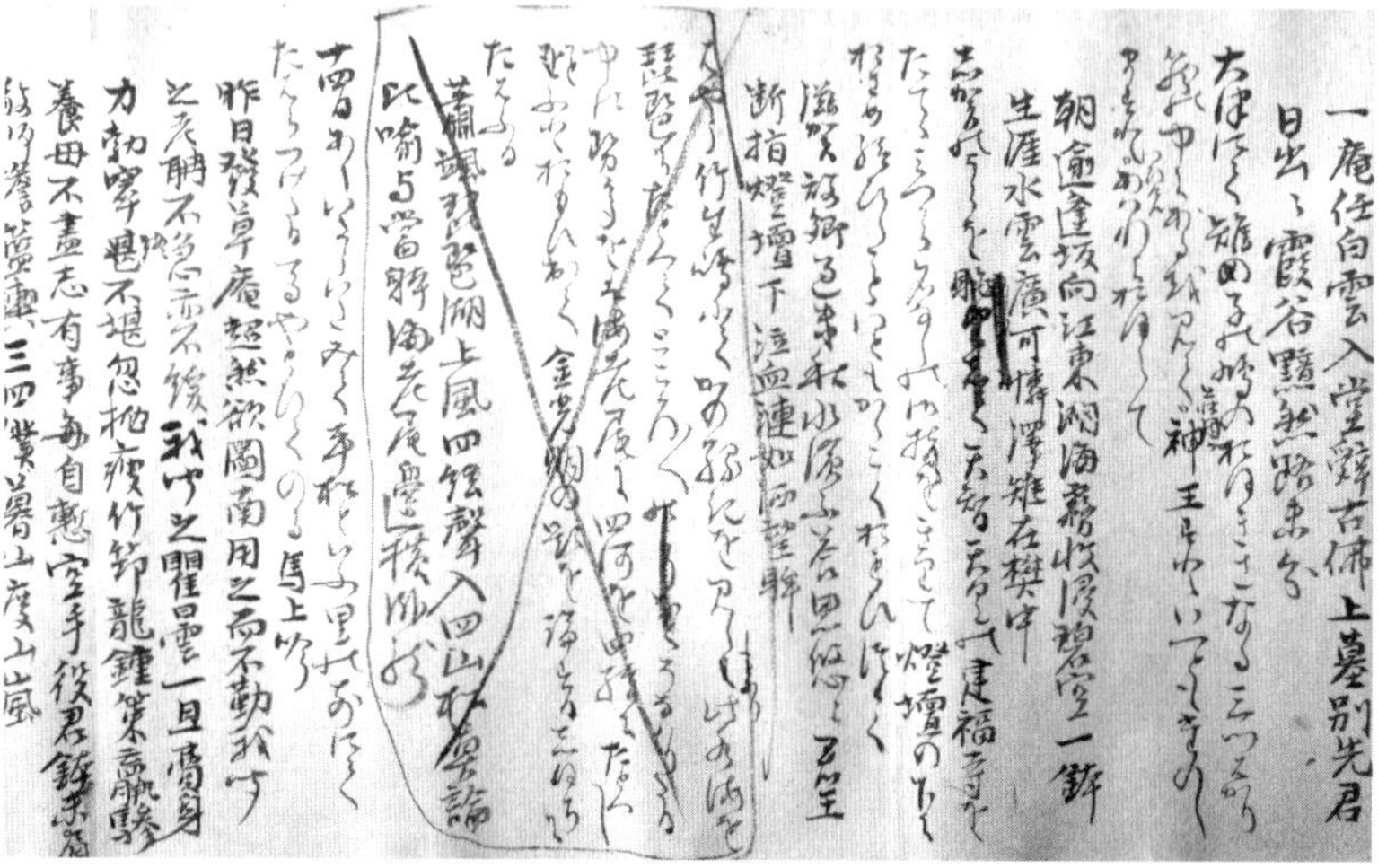

『身延道の記』の自筆草稿（部分、隆盛寺蔵）。推敲の跡が読み取れる

見ることができる。

『身延道の記』の主要な箇所をここで見てみよう。この旅の大きな収穫の一つは、明《みん》から亡命して名古屋藩に仕えていた詩人の陳元贇《ちんげんぴん》と出会ったことだが、それについては既に書いたのでここでは触れない。

## 旅立ちの朝

旅立ちの書き出しは、次の言葉で始まる。既に引用したところと重複する部分もあるが、再度引用する。

八月十三日のつとめて（早朝）、深草の庵《いほり》を出づ。御いとまごひに霞《かすみ》の岡《をか》にのぼるに、霧たちわたりて、春よりも覚束《おぼつか》なく哀《あはれ》ふかき曙《あけぼの》なり。御はか（墓）は道の草露さへしげく、むかし物語おぼえて、いとかなしく目もきりて、帰る空もわすれぬべし。母はことし、八十にいまひとつぞたり給はぬ。御よはひ（齢）よりは若く見え給へど、立居《たちゐ》かよはく、よろぼひたまふを、人傍《かたはら》をはなれず、かゝへたすけものすれば、ひな（鄙）のながぢ（長路）にをもむき給ふ心うさ、おもひやるべし。

出発に際し、まずは霞の岡にある父親の墓にあいさつに行った。早朝のことで、霧の立ち込めた墓への道には夏草が茂り、草露が降りていた。その様子が『源氏物語』須磨《すま》の巻の場面と重なり、亡き父のことも思い出されて、庵に戻ることも、旅立つことも忘れてしまうほどだった。足元も覚束ない八十歳近い母を伴っての旅である。これから待ち受ける長い旅への不安について触れつつも、父母への思いは強い。若き日に立てた三つの願いの一つに「父母の寿、長くして我《われ》孝心を竭《つく》さん」があった。その上人であればこそ、『身延道の記』を両親のことから書き出したのであろう。

## 鈴鹿山を越えて

深草を出発した翌日、八月十四日の記述には、次のような文章がある。

鈴鹿山《すずかやま》をこえて、
　秋風の　音さへかはる鈴鹿山
　　ふるさと今や　とをくなるらむ
けふは関《せき》にとまりぬ。
透得利名関　　利名《りみょう》の関《せき》を透得《とうとく》して

不曾妨往還
怱々旅窓底
明月伴吾閑

曾《かつ》て往還を妨げず
怱々《そうそう》たる旅窓《りよそう》の底《もと》
明月《めいげつ》、吾《われ》に伴って閑《しず》かなり

夜ふくるまゝに、やぶれたる窓のうち月すさまじく、風さへひやゝかにて、冬の夜のけしきなるに、母のいかにいねがて（寝難）ならんとおもふにも、けふ鈴鹿山にて、むかしな（亡）き人と、伊勢へまうで給ひし事、かたり聞《きこ》えて、はなうちかみ給ひき。赤染右衛門《あかぞめえもん》が、「旅はたびともあらざりき」といひし、おもひあはせて、あはれにいと悲し。

草枕　夢やは見えんありしよの
　たびは旅とも　あらしふく夜に

とおもひつゞけて、すこしまどろみて起《おき》ぬ。

鈴鹿山を越すと風の音も変わり、冷ややかになる。旅人にとって、鈴鹿山は「思わず遠くへ来たものだ」という感慨を催させるところだったのだろう。その夜は、鈴鹿の関に宿泊し、漢詩をものした。名聞名利《みょうもんみょうり》の関を通り過ぎることができたので、往還を妨げることはなくなった。あわただしい旅ではあるが、窓から見える明月は、自分に同伴して自分の心と同じく静かに輝いている。

母にとって、夫に先立たれてまだ一周忌も迎えていない秋の旅路であり、鈴鹿山を越える時、亡き夫とともに伊勢詣でをしたことが思い出されて、涙を催したのであろう。
その思いに、赤染右衛門の詠んだ「ありし世の旅はたびともあらざりき　ひとり露けき草枕かな」という歌を思い出し、あわれで悲しい思いになり、和歌を一首詠んだ。このように元政上人の教養と機智が文章の随所に表れている。

## 十五夜の月をめぐって

八月十五日の記述には、次の一節が見られる。

桑名より舟にのる。夕陽《せきよう》、猶《なほ》のこれり。風しづかに吹て、二里ばかりも来ぬるに、遠き山の上に月あかくさし出《いで》たり。「こよひは十五夜なりけり」と、人々興《きょう》じつゝ見るに、やがてくもるやうにて、そや（初夜＝八時）すぐるほどに、又《また》、いとよくは（晴）れて、波もひとつに見ゆ。「きしかたも、かゝる月は見ず、これより後もあらじ」と云《いふ》に、人も皆いふめり。「こゝなん、伊勢、尾張のあはひなり」といへば、

忘れめや　いづくはあれどいせをはり
　月もこよひの　秋の海づら
ゆきゆきて　富士のみ雪にくらべ見ん

さらにたぐひも　なみの月影

鴨長明《かものちょうめい》が、くゐぜ川にて、今宵《こよひ》の月見し事、おもひいでて、ざれごと歌。

こよひ見し　人は朽《くち》にしくゐぜ川

月のうさぎを　誰まもるらむ

十五夜の月を巡って、人々がそれぞれに思いを語り合う様子が目に見えてくるような文章である。そのやり取りを聞きながら、上人は二首の和歌を詠んだ。さらには、鴨長明（一一五五？〜一二一六）が、濃州（美濃《みの》）安八郡《あんぱちぐん》の杭瀬川《くいぜがわ》のほとりで十五夜の月見をしたということを思い出して、上人は戯《たわむ》れの歌を詠んだ。今宵の満月を見たその人は既に亡くなってしまっている。月に残された兎《うさぎ》をいったいだれが世話するのだろうか——と。

この満月の夜に一行は、名古屋の川澄家に着いた。「門うちたゝきて入る。みな喜びていねずなりけり」とあり、懐かしい再会に、夜も寝ずに話が弾んだようだ。

## 佐夜の中山と富士山

八月二十日の記述の中には、佐夜の中山について記されている。

佐夜中山《さよのなかやま》をかち（徒歩）よりゆく。こし（輿）をになへるおのこ（男）の、「身延もはや、ほど近くなりぬ」と云《いふ》を聞《きき》て、

こえはてば　けふぞたづぬるかひがね（甲斐嶺）も
さやにや見えん　さやの中山

けふは島田までといふに、御壺《おつぼ》の奉行《ぶぎょう》とやらん、おほくとまりて、やどもなしといへば、金谷《かなや》にとゞまる。日たかければ、茶など煎《いれ》て、うちやすむ。心のどかにて、たびのやどりとも、おぼえず。けふ富士の歌、ふたつ、魯論《ろろん》のこと葉もてよ（詠）めると云《いふ》を、人きかばやといへば、かたる。その歌、

それと見て　あふげば空に朝な朝な
いよいよたかし　ふじの白雪
山やしる　富士のみ雪を見ても猶《なお》
ひとしからんと　おもふ心は

佐夜の中山は、静岡県掛川市東端の旧東海道の坂道のことで、『古今集《こきんしゅう》』の「甲斐《かい》が嶺《ね》をさやにも見しがけけれなく横ほり臥《ふ》せる佐夜《さや》の中山」（甲斐の山々をはっきりと見たいけれども、心ないことに、視界をさえぎり横になって臥せている佐夜の中山であることよ）などのように古来、歌枕としてよく歌われた。

その坂を歩いていくと、母を載せる輿《こし》を抱えた男が、「身延はもうすぐ近くです」と言った。

そこで、上人は、はるばると来たものだという感慨と、この坂を越えればこれから訪ねる甲斐の嶺もはっきりと見えるだろうという思いを込めて歌を詠んだ。

この日は、駿州《すんしゅう》（駿河《するが》）の島田まで行きたいと思っていたが、将軍家にお茶を献上するために宇治の茶作りの一行が御壺の奉行とともに来ているので、宿泊するところはないだろうという。そこで、予定を変更して手前の金谷に宿泊することにした。日はまだ高く、宿でお茶をたしなんだ。あまりにもゆったりとした時間で、旅路の宿りとは思えないほどであった。

ここで「魯論《ろろん》のことば」とは、『論語』子罕篇《しかんへん》の「之《これ》を仰《あお》げば弥《いよいよ》高く、之を鑽《き》れば弥堅《かた》し」と、『論語』里仁篇《りじんへん》「賢《けん》を見ては斉《ひと》しからんことを思ひ、不賢《ふけん》を見ては内に自ら省《かえり》みるなり」のことである。

「これが富士山だ」と思って毎朝、空を仰ぎ見れば、山頂に白雪が積もってますます高く見える。その雪を見て、自分も気高い富士山と等しくあろうと思う。その心を山は分かっているだろうか――と詠んだ。

後世、この歌に対して次の歌を詠んだ人がいた。二歳で母を亡くし、父を十五歳で失った江戸末期の歌人、橘曙覧《たちばなあけみ》（一八一二～六八）である。彼は、元政上人が母を伴って身延へ向かう途中、富士山を仰ぎ見た時の思いを汲んで次の歌を詠んでいる。


我がめにはかの富士のねも背におへる母のみかげのなほしたにこそ

富士山は日本一高い山だと言われているが、私の目から見て、元政上人が背中に背負っている母親の姿に比べれば、富士山はそれよりも下にあるのだ――。

橘曙覧という人は、元政上人の没後約百五十年の人であり、このころも『身延道の記』が読まれていたということが、ここからも読み取れる。

## 身延にて

身延に着いたのは、八月二十五日のことであった。

申《さる》のさがりに、身延につく。その山のさま、たとへば、ひえ（比叡）の山をひんがし（東）坂本よりのぼる心地すべし。過《すぎ》にし春の比《ころ》、夢に此《この》山にまうでしに、おもかげ、やゝたがはず、此《この》たびまうづべき瑞夢《ずいむ》にやと、今ぞおもひあはせらる。

申のさがり（午後四時過ぎ）に身延に着いた。その山の様子は、比叡山《ひえいざん》の東側の坂本から登っているような気分であった。春にこの身延山に詣でる夢を見たが、その様子とほとんど違いはなく、あれは瑞夢だったのではないかと今、思い合わせている――。夢にまで見た身延の地に立った感慨をこのようにつづった。

八月二十六日に祖師堂《そしどう》で日蓮聖人の御影《みえい》（像）を拝した。

老僧二三人、祖師堂の開帳《かいちょう》す、御影おがみ、しづかに念ずして、

一上延山心愈悲　　一たび延山《えんざん》に上りて心愈《いよい》よ悲し

倶生末法不逢師　　倶《とも》に末法《まっぽう》に生まれて師に逢わず

手香頂礼影堂下　　手香頂礼《しゅこうちょうらい》す影堂《えいどう》の下《もと》

涙湿尼壇欲起遅　　涙、尼壇《にだん》を湿《しめ》して起《たた》んと欲すること遅し

それより、こなた、かなたをめぐりて、御骨堂《ごこつどう》にまいり、おがみ奉る。玉の宝塔の中に、いとあざやかなり。

何ゆえに　くだきし骨のなごりぞと
おもへば袖《そで》に　玉《たま》ぞ散《ちり》ける

祖師、日蓮聖人の御影を拝見し、心静かに念じて、一篇の漢詩を詠んだ。ともに末法に生まれて師に会うことがなかった。御影堂で焼香し、頂礼すると涙があふれ座具の尼師壇《にしだん》（nisīdana）を湿らせてなかなか立ち上がることができなかった――。

さらに祖師の遺骨を玉（水晶）で造られた宝塔の中に拝見して、和歌を一首詠んだ。上人が、日蓮聖人を心より追慕していたことが知られる。

八月二十七日には奥ノ院を訪れた。

うしろに大きなる木あり。そのもとをほ（掘）りて、父の遺骨をおさめ、をのが、そり髪をも、うづみぬ。あへて、そこなひ、やぶらずといへるも、おもひ出て、つゝみ紙に書《かき》つけたる歌、

いたづらに　身をばやぶらで法《のり》のため
　我《わが》くろかみを　すてし嬉《うれ》しさ

高祖上人の、九年のあひだ、日ごとに此峯《このみね》にのぼりて、房州のかたをのぞみ、父母の御墓をこひしのび給ひしこと、哀《あはれ》にかたじけなし。

この旅の目的の一つが亡き父の遺骨を身延山に埋めるということであったが、ここにその目的が達成された。それとともに、自分の剃り髪も埋めた。その時、『孝経』の「身体髪膚《しんたいはっぷ》、之《これ》を父母に受く。敢《あ》えて毀傷《きしょう》せざるは、孝《こう》の始めなり」の一節を思い出して、和歌を一首詠んだ。日蓮聖人に親しくお会いすることのできなかった悲しみ、その一方で仏道に入って法を求めるために出家した喜びをつづった。

また、身延入山して九年間、日蓮聖人がこの峯に登って故郷の房総半島の方向に向かって父母の墓をしのんでおられたことに思いを馳せた。

## 富士山を愛でながら

八月二十八日に身延を下山した。途中で雨に降られ、万沢に宿泊し、二十九日の早朝に万沢を出発した。

きのふの雨、なごりなく晴《はれ》て、富士に雪ふれり。馬をふもの、「お山に雪降れば、久しく、雨ふらず」といへば、又《また》人、「富士に雪ふりて、山はれずといふ事なし」と云《いふ》。げに、一むらの雲も見えず、山のすがた、うつくしく、絵に書《かき》たるに、よく似たり。すべて、海道《かいどう》より見るにはまされり。所《ところ》の者のいへるは、富士は甲州の山と申《もうし》つたふる。某《それがし》、いづかたも見《み》候《そうろう》に、こなたおもては、まさりて候といふ。まことに、いふごとく也《なり》。をよそ、此《この》たびばかり、心よく、見し事はなし。おもふ事、いはまほしくやありけん。

此世《このよ》には　心にかゝる雲もなし
　富士の高ねも　あくまでに見つ

きのうの雨も上がり、富士山に雪が積もっていた。身延山で思いを遂げた親子の心象風景を象徴しているのだろうか。地元で語られている富士山と気象の関係を書きとめ、絵に描いたような富士の美しさに、自らの心境を重ねて「心にかゝる雲もなし」と歌にした。

「九月一日、けふも、富士の山を見つゝゆく」とあるように、それからは毎日、雪の降った後の晴天続きの富士山を愛でながらの旅であったようだ。

## 江戸にて

九月五日の夜に江戸に着き、二十一日まで十七日間滞在した。六日の朝から、母は長姉、春光院の嫁ぎ先、井伊直澄公の江戸屋敷に滞留し、上人は王公大人に近づかないということで、日本橋の旅宿にあって、池上本門寺などを訪ねたり、僧俗の訪問を受けたり、詩歌や文章のやり取りをしていた。それでも、孝心篤い上人は、母のことが気がかりで、「雲ゐのよそに、おもひやる心地して、うしろめたく、わするゝ時なし」と記している。この旅日記のメインテーマは、「報恩」と言っても過言ではないが、とりわけ母への孝心に満ちた文章である。

その九月の十三夜に詠んだのが、

十三夜、ふけゆくまで月を見て、
　はてしなき　草の枕のむさし野も
　月には秋の　かぎりをぞ見る

であった。

## 田子の浦にて

九月二十一日には、江戸を旅立った。九月二十四日の記述は、「暁《あかつき》さむく、霜置《おき》て、いたうひや〻かなれば、日《ひ》やうやうのぼりて、宿をいづ。富士の山、日ぐらしに見て」という言葉で始まっている。その中に、次の文章が見える。

田子の浦、目もあやなり。はるばると見わたして、

富士のねの　雪のながめもわすれ貝

わするばかりの　田子の浦波

ある人のいはく、「多胡の浦は、奥津《おきつ》の事なるべし」と。されど、いざよひの記に、富士河をわたりて、多胡のうらにうちいで、伊豆のこう（国府）にいたるとかけり。すべて此《この》わたりを、田子の浦とも、田子の入海《いりうみ》とも云《いふ》となり。

この和歌の意味は、富士山が雪をかぶって末広がりになっている姿は、忘れ貝の形に似ている。その貝の名前のように、富士山のあまりにも整った美しさを目にすると、目も覚めるほど美しい

田子の浦の波でさえも忘れてしまいそうだ――という意味であろうか？

田子の浦について、いろいろな解説がなされたが、上人は、阿仏尼《あぶつに》（一二二二頃～八三）の『十六夜日記』の説明を思い出した。

このように『身延道の記』では、上人がこれまで書物によって読んできたことを現地で再確認するということが、しばしばなされている。

以上、『身延道の記』の主だったところを拾い読みしてきた。日蓮聖人という師への報恩、父母への孝養と報恩の思いに満ちた紀行文が『身延道の記』であるが、その旅路の風光、風物、人情などをとらえて、平易な言葉でつづった文章は味わい深い。

## 西の元政、東の芭蕉

元政上人とほぼ同時代の人で、勝れた紀行文を残した人に松尾芭蕉がいる。二人のことは、「西の元政、東の芭蕉」と並称されている。

松尾芭蕉が、河合曾良《かわいそら》（一六四九～一七一〇）とともに奥州、北陸道を巡り、美濃国・大垣に至るまでの約百五十日間の旅へと、江戸・深川を発ったのは『身延道の記』が出版されて二十六年後の元禄二年（一六八九年）のことであった。その旅日記が『奥《おく》の細道《ほそみち》』（一七〇二年）である。

その「旅立ち」の場面は次の通りである。

弥生《やよひ》も末《すゑ》の七日、あけぼの、空朧々《ろうろう》として、月は在明《ありあけ》にて光おさまれる物から、不二《ふじ》（富《ふ》士《じ》）の嶺幽《みねかすか》に見えて、上野《うえの》・谷中《やなか》の花の梢《こずえ》、又《また》いつかはと心ぼそし。むつましきかぎりは宵《よひ》よりつどひて、舟に乗《のり》て送る。千じゅ（千住）と云《いふ》所にて船をあがれば、前途三千里《せんどさんぜんり》の思ひ胸にふさがりて、幻《まぼろし》のちまたに離別《りべつ》の泪《なみだ》をそゝぐ。

行《ゆく》春や鳥啼魚《なきうお》の目は泪《なみだ》

これを矢立《やたて》の初《はじめ》として、行《ゆ》く道なを進まず。

芭蕉翁の像（小川破笠画、隆盛寺蔵）

「弥生も末の七日」とは、旧暦の三月二十七日のことで、太陽暦では五月十六日に当たる。日ごろ見慣れた富士山や町の花を再び見るのはいつのことになるのか、また前途に待ち受ける三千里の行程を思えば、心細くなり、胸もふさがる思いにもなる。その思いを俳句に託して詠んだ。それが、この旅の矢立の最初の句となった。『身延道の記』もそうであったが、『奥の細道』も旅立ちの心細さから書き出している。

## 芭蕉と『身延道の記』

『奥の細道』の旅立ちが、『身延道の記』が出版されて二十六年後ということを考えれば、芭蕉は『身延道の記』を目にしていたと考えていいのではないか。

しかし、芭蕉の書き残したものに、『身延道の記』の名前は出てこないようだ。貞享《じょうきょう》四年（一六八七年）十月から一年半ほどの旅の記録である『笈《おい》の小文《こぶみ》』に、次の記述がある。

抑《そもそも》、道の日記といふものは、紀《き》氏《し》・長明《ちょうめい》・阿仏《あぶつ》の尼《あま》の、文《ぶん》をふるひ情《じょう》を尽《つく》してより、余《よ》は皆俤《おもかげ》似かよひて、其糟粕《そのそうはく》を改《あらたむ》る事あたはず。まして浅智短才《せんちたんさい》の筆に及《およぶ》べくもあらず。其《その》日は雨降《あめふり》、昼より晴《はれ》て、そこに松有《あり》、かしこに何と云《いう》川流れたりなどいふ事、たれたれもいふべく覚《おぼえ》侍《はべ》れども、黄《こう》奇《き》蘇《そ》新《しん》のたぐひにあらずば云事《いうこと》なかれ。

紀行文の著者で評価できるものとして、芭蕉は、紀貫之《きのつらゆき》（八六八頃～九四五頃）、鴨長明、阿仏《あぶつ》尼《に》の三人の名前を挙げている。それぞれ、『土佐日記』『東関紀行《とうかんきこう》』『十六夜日記』の著者としてである。ただし、『東関紀行』の著者は、現在では鴨長明ではなく、作者不詳とされている。それはともかくとして、芭蕉が挙げているのは、この三人だけで、元政上人の名前は出てこない。この三人以外のものは、みな内容が似たり寄ったりで、粕《かす》をなめるばかりで、それを改めて新たなことを打ち出すことはできやしない。智慧が浅く才能もないものの筆力でできることではないのだ。「その日は雨が降り、午後になったら晴れた」とか「そこには松の木が生えていて、むこうに何々という川が流れている」といったことは、だれもが思いつくことで、文章の奇抜さで知られる中国・北宋の詩人、黄庭堅《こうていけん》（一〇四五～一一〇五）や、斬新さを特長とする北宋の文章家、蘇東坡《そとうば》（蘇軾・一〇三六～一一〇一）のような人でなければ、書いてはいけないのだ――。何とも手厳しい芭蕉の言葉である。

松尾芭蕉の師匠、北村季吟は、松永貞徳の同門であった一歳年上の元政上人に師事し、『源氏物語』の講義を受けた人である。師匠がお世話になった元政上人のことを、芭蕉が「粕をなめるばかりの智慧が浅く才能もないもの」に含めるとは思えない。だからと言って、芭蕉は『身延道の記』には全く言及していない。これは、いったいどうしたことだろう。

『身延道の記』ができて、歌人でもあった霊元《れいげん》天皇（一六五四～一七三二）に読んでもらうと、大変に喜ばれたというエピソードを松永貞徳門下の東知退《ひがしちたい》（一六四一〜一七一三）が伝えている。

## 『道の記』と『細道』は〝車の両輪〟

『身延道の記』の評価について萩原是正師と話をしていて、「歌人で国学者の佐佐木信綱《ささきのぶつな》氏が『身延道の記』の本に序文を書いていた。それは戦前のことだった」、また「『身延道の記』は漢詩と和歌、『奥の細道』は俳句を織り込んだ紀行文として、両者は〝車の両輪のごとし〟と、佐佐木氏がどこかに書いておられた」ことを思い出された。

戦前に出版された『身延道の記』を調べると、一九三六年に出版された三戸勝亮《みとかつすけ》著『身延道の記』（承教寺刊）が見つかり、そこに確かに佐佐木信綱氏（一八七二〜一九六三）の序文があった。九十二歳になる萩原氏の記憶力に驚いた。

佐佐木氏は、伊勢国石薬師（現三重県鈴鹿市石薬師町）に生まれて、幼い時から歌人であった亡き父、佐々木弘綱《ささきひろつな》氏（一八二八〜九一）から元政上人の五言律を授けられ誦《そら》んじさせられた。それから五十年が経って、長じてこの紀行を読んで、感慨深かったこと、また歌集『草山和歌集』の淳雅清澄《じゅんがせいちょう》を愛して年久しいことを書き連ね、

身延紀行といひて夙《はや》くより世にもてはやせり。これもとよりその文藻《ぶんそう》のすぐれたるによると

いへども、読《よ》む者みな上人の純孝《じゅんこう》に感ずるによらずばあらず。

と記していた。

ただ、『身延道の記』と『奥の細道』のことを〝車の両輪のごとし〟と評した言葉は、佐佐木氏の著作があまりにも膨大で、現時点ではまだ行き当たっていない。重大な評価の言葉であり、萩原師の記憶に鮮明であり、どなたか見つけた方にご教示を願いたい。

三戸勝亮著『身延道の記』には、もう一人、国文学者の武田祐吉《たけだゆうきち》氏(一八八六〜一九五八)も次の序文を寄せていた。

元政上人の身延道の記は、近世紀行文中の翹楚《ぎょうそ》(筆者注=高く抜きんでていること)なり。上人至孝母に随つて身延山に参詣し、江戸を経て帰る。文中詩歌を交へて、道心と風雅と併せ得たりと謂《い》ふべし。

このような評価をかち得るような『身延道の記』を芭蕉が読んでいなかったとは考えられない。『野ざらし紀行』によると、芭蕉は一六八五年三月上旬に伏見西岸寺の任口《にんこう》上人(一六〇六〜一六八六)を訪ねているし、『笈の小文』によれば、一六八八年四月にも京都を訪れている。西岸寺から瑞光寺までは約一キロメートルほどしか離れていない。しかも、『身延道の記』の出版後二十年ほど経った後の京都訪問であり、しかも『奥の細道』の旅の六年前のことであり、任口上人が北村季吟の門下でもあることなどを考え合わせても、京都訪問の際にも『身延道の記』のことは耳にしていたはずだ。

また、俳諧連句集『芭蕉七部集　冬の日』に、芭蕉は次の句を収めている。

元政の草の袂《たもと》も破《やれ》ぬべし

これは、「豆腐つくりて母の喪《も》に入《いる》」という前句に対して、元政上人は、衣の袖のたもとが破れるほど、母の死を嘆き悲しむだろう――と、孝子として名高い深草の元政上人が母を亡くした時の思いをもって応えたものである。このことから、芭蕉が元政上人の存在をきちんと認識していたことが分かる。

芭蕉の門人で『奥の細道』の旅に同行した河合曾良は、旅を終えて、上人の墓を訪ねた。元禄四年（一六九一年）六月十八日の日記に次のように綴っている。

宝塔寺右藪《やぶ》ノ間溝ノハタノ細道ヲ過《すぎ》テ瑞光寺元政ノ墓ヲ拝《おが》ム。

元禄四年は、『奥の細道』の旅を終えて芭蕉らが江戸に帰り着いた年のことである。『奥の細道』の旅を無事に終えた報告と、上人の紀行文『身延道の記』への感謝を込めた墓参であったのではないだろうか。「墓ヲ訪ヌ」ではなく、「墓ヲ拝ム」という表現に、元政上人への尊敬と感謝の思いが読み取れる。

以上の状況証拠から考えても、芭蕉は『身延道の記』を目にして、紀貫之、鴨長明、阿仏尼らの紀行文とともに大いに触発されたはずである。それなのに、『身延道の記』に言及していないのは、芭蕉の元政上人に対するライバル意識か、プライドのようなもののなせるわざであろう。片や、漢詩四十六篇、和歌三十四首を織り込んだ『身延道の記』と、片や芭蕉の句五十二句と曾良の句十句を織り込んだ『奥の細道』で、甲乙つけがたい。両者は、その優劣を競うものではなく、佐佐木信綱氏が言われるように「車の両輪」をなして紀行文の双璧をなしているといえよう。ただ、『奥の細道』が俳文という庶民的な表現で記されているのに対して、『身延道の記』は漢詩と和歌を織り込まれた文人好みの形式になっている。その違いから、漢文を読みこなせる人が少なくなるにつれて、残念ながら『身延道の記』は忘れ去られるようになったことは否めない。

第五章　母の死を見届けて

## 母の死を悼む歌

　これまで見てきたように、元政上人は親孝行の人としてもよく知られている。十九歳になしていた発願《ほつがん》の二番目は、「二には父母の寿、長くして我《われ》孝心を竭《つく》さん」であった。

　上人は、「諸仏の心、孝是れ因」として、『釈氏二十四孝《しゃくしにじゅうしこう》』を著わすほど、「孝心」を大事にしていて、深草に移った時も両親を近くに住まわせ、孝養の限りを尽くした。父が万治《まんじ》元年（一六五八年）に八十七歳で亡くなると、道場を瑞光寺としたので、母のために養寿庵を建ててそこに住まわせた。質素だが七室もあり、召使いと志の篤い比丘尼《びくに》を母のそばにおいて、自らはほとんど毎日のように通って孝養を尽くした。「母の居《きょ》、我が蘭若《らんにゃ》を距《へだ》ること数十弓《きゅう》」と記している。

「弓」は、古代中国の長さの単位で六尺（約一・三五メートル）、または八尺（約一・八メートル）

なので、母の住む庵と上人の住む阿蘭若《あらんにゃ》（修行のための閑静な場所を意味するaranyaの音写）との距離は百メートルを超えるものではなかった。

有馬温泉に湯治に行った時など、深草を長く離れる時は、弟子の慧明に母のことを頼み、旅先から山中に手紙を送った。高槻や鷹峰で養生する時も、一日か二日、醍醐や宇治を訪れた時にも常に母のことを思っていた。

病の養生のために鷹峰に長期間滞在していた時、母を思い深草に戻った夢を見たことがあった。そのことを次の詩に詠んだ。

憶母

昨夜三更夢
分明返深艸
夢覚久不寝
已寝不知暁
憶得母愛吾
未異在懐抱
一日不相見
如人喪至宝
我亦聞之仏

母《はは》を憶《おも》う

昨夜《さくや》三更《さんこう》の夢《ゆめ》
分明《ぶんみょう》に深艸《ふかくさ》に返《かえ》る
夢《ゆめ》覚《さ》めて久《ひさ》しく寝《いね》られず
已《すで》に寝《ね》て暁《あかつき》を知《し》らず
憶《おも》い得《え》たり、母《はは》の吾《われ》を愛《あい》することを
未《いま》だ懐抱《かいほう》に在《あ》るに異《こと》ならず
一日《いちにち》相見《あいみ》ずんば
人《ひと》の至宝《しほう》を喪《うしな》うが如《ごと》し
我《われ》も亦之《またこれ》を仏《ほとけ》に聞《き》けり

孝順為至道
奉養二十年
我志尚未了
苦哉多病身
甚矣母之老
我心常多楽
思之楽也少
低頭掐念珠
挙頭送帰鳥

孝順《こうじゅん》を至道《しどう》と為《な》すと
奉養《ほうよう》すること二十年《にじゅうねん》
我《わ》が志《こころざし》、尚《な》お未《いま》だ了《りょう》せず
苦《く》なる哉《かな》、多病《たびょう》の身《み》
甚《はなはだ》しいかな母《はは》の老《お》いたること
我《わ》が心《こころ》、常《つね》に楽《たの》しみ多《おお》けれど
之《これ》を思《おも》えば楽《たの》しみも少《しょう》なり
頭《こうべ》を低《た》れては念珠《ねんじゅ》を掐《く》り
頭《こうべ》を挙《あ》げては帰鳥《きちょう》を送《おく》る

多病の身で、老いたる母のそばを離れていることが気がかりであったのであろう。深草の母のもとに帰った夢を見た。一日でも顔を合わせることがなければ、大事な宝物を失ったような思いであった。

ところが、この詩を書き上げてすぐに、その母が駕籠《かご》に乗って突然訪ねてきたという。その時の驚きを、「喜母至」（母の至るを喜ぶ）という詩の前書きに次のように記している。

余《よ》、母を憶《おも》う詩を作り、吟《ぎん》じ已《お》わって乃《すなわ》ち紙筆を命ず。墨痕未《ぼっこんいま》だ乾かざるに、吾《わ》が母忽然《こつねん》として至る。余、驚き起《た》って駕《が》を階上に迎え、手を執《と》って相《あい》喜ぶ。

元政上人母子の喜ぶ姿が目に浮かぶようである。この実話が示すように、上人の孝心と母の子を思う心は遠く離れていてもつながっていたのであろう。上人は、深草にいる時も離れている時も、寝ても覚めても、瞬時も母のことを忘れることはなかったし、母も同じであったのであろう。その母が、父の死の九年後、寛文七年（一六六七年）十二月六日に八十七歳で亡くなった。第二の願いも満たされ、三つの願はすべて達成されたといえよう。

元政上人は、その年の初めに発病し、二月に有馬温泉に湯治に行っている。母の発病は八月のことであった。母より先にたおれるわけにはいかないと、悲痛な思いで母を看病した。その傍らで『大品般若経《だいぼんはんにゃきょう》』の注釈書『大智度論《だいちどろん》』などの校訂を行なっている。

その上人は、「母のなくなりぬる頃、人の許《もと》より五首の歌よみてとぶらひける返事に」と前置きして、次の五首を詠んだ。

さきだたばなほいかばかり悲しさの後《おく》るるほどはたぐひなけれど
今はただふかくさ山にたつ雲を夜半《よわ》のけぶりの果てとこそ見め
なにごとも昨日の夢ととりながらおもひさまさぬわれぞかなしき
いかにしていかにむくいむ限りなき空を仰ぎてねにはなくとも
たのもしなあまねき法《のり》のひかりには人のこころのやみものこらじ

私が母よりも先だって死んでいたならば、母の悲しみはどれほど大きかっただろうか。そうは言っても、母に遅れて死ぬことになる私の悲しみは、他に比べるものがないのも事実であるのだけれども――。

母は亡くなってしまったが、今はただ、深草山にわき立つ雲を見ては、母が夜半の火葬の煙となってそれが今は雲となっているのだと見ている――。

筆者が「たつ雲」とした箇所は、萩原本（一二二頁）では「なつ雲」となっているが、「母のなくなりぬる頃」、すなわち十二月頃のことであろうから、「夏雲」では矛盾する。いろいろ考えた末、ひらがなの「た」を「な」と読み間違えたものだと理解して、筆者は改めた。

母が亡くなったことも、すべてのことがきのうの夢だと思いなしていて、その思いから覚めようとしない私こそ悲しいものである――。

「ねにはなくとも」の意味がなかなか読み取れなかったが、「音には泣くとも」がこの文脈ではふさわしいと考えて、次のように解釈した。母から受けた恩は大きい。それに対してどのようにして報いることにしようか。限りない空を見上げて声に出して泣くとしても恩に報いていこう――。

いろいろと悲しいことはあるかもしれないが、頼もしいことに、普遍的な仏法の光によって人の心の闇は晴らされて、闇が残ることはないであろう――という五つの歌で返事とした。

この五首の後に、「同じ年のくれに」と前置きして、次の歌が続いている。

冬ふかき宿にこりつむ山がつのなげきのなかにとしもくれけり

「山がつ」とは当時、「きこりなど山里に住む身分の低い人」のことだとされていたが、ここでは元政上人自身のことを意味している。「こりつむ」は「樵り積む」のことで、「木を切って積み重ねる」、転じて「思いを募らせる」という意味である。従って、冬深い草庵の庭に木こりが冬に備えて木を切って積み上げるように、悲しい思いを積み重ねて嘆きの中で年が暮れようとしている――ということだ。

これに続けて、「母のなくなりてのち」として詠んだ歌。

をしからぬ身ぞをしまるるたらちねの親ののこせるかたみと思へば

これまで、惜しくはないと思ってきたこの身体も、親が残してくれたかけがえのない形見だと思えば、いよいよ惜しまれてくる――。

## 辞世の歌

上人はこのような思いを抱きつつも、張り詰めた思いが切れたのであろうか、母の死後六日にして再び発病した。二七日《ふたなのか》に当たる十二月十九日に病態は悪化し、淀川を舟で下り高槻に住むかかりつけの医師・佐野雄軒の治療を受けるが、重体で病床に就いた。

晩年には、しばしば喀血《かっけつ》に悩まされ、物忘れも著しくなっていたようだ。門下の慈忍に次のような手紙を送っている。

予《よ》、遺忘《いぼう》の甚だしき、嘔血《おうけつ》の後、毎々此《かく》の如《ごと》し。

かつて、「昔は、病の使ふ所と為《な》り　今は、病を以《もっ》て僕《しもべ》と為す」「多病は何ぞ妨げん、一心を養ふを」「一生多病、是《こ》れ何の幸ひぞ」と身の病が心を支配することはないと心の自由を誇っていた元政上人も、四十四歳に執筆した『食医要編』（一六六六年）の叙《じょ》で、

夫《そ》れ身心の二病、暫《しばら》くも相《あ》ひ離れず。身病《や》むときは則《すなわ》ち心も亦《また》病む。心病むときは身も亦病む。

と記すほど、身心ともに弱り切っていたようだ。

元政上人は、冬には日ごろから粗末な木綿《もめん》の重い服を着ていたが、医師の佐野雄軒は、衰弱しきった上人の身を案じて軽い絹の衣を着せた。その日の所感を上人は次のように綴って、弟子の慧明に送った。

家翁、木綿《もめん》は今の宜《よろ》しきに非《あら》ずと謂《い》ひて、遽《にわか》に絹衣《けんえ》を裁《さい》して、容《い》るるに綿《わた》絮を以《もっ》てし、麁服《そふく》の重きに更《か》へしむ。一身軽安《きょうあん》として、重きを担《にな》へる者の遽に捨てたる如《ごと》く、縛《ばく》せらるる者、遽に解《と》かるるが如し。寧《むし》ろ快ならずや。ああ是《かく》の如き深恩、酬《むく》ゆる所を知らず。尋《つ》いで又《また》思ふに、蚕衣《さんえ》はこれ、縷々《るる》皆、無数の殺罪の成《じょう》ずる所、あに此《これ》を以て身を安んずるに忍びんや。

絹糸《きぬいと》は、蚕《かいこ》が吐糸《とし》して作った繭《まゆ》を、中の蛹《さなぎ》が蛾《が》になって出てくる前にお湯で煮て柔らかくして糸口を出し、仮撚《かりよ》りをかけながら巻き取られる。当然、蛹は死ぬ。だから、上人は初めに、木綿の服から絹の衣に着替えて、捕縛されていた者が解放されたような快さだと、感謝の思いを述べていながらも、無数の蚕の蛹に対する殺生《せっしょう》の罪の結果作られた絹の衣で、わが身を安んずることには耐えられないとも綴っている。自ら〝法華律〟を定め、それを厳格にまもってきた上人らしい言葉である。最後の最後まで、自らに厳格さを貫こうとしていた。

年が明けて一月の末には、自分で起《た》つこともできなくなったことを自覚し、高槻から深草へ戻った。容体《ようだい》は日々に悪化するのみで、弟子・慧明に後事を託し、遺言を終えた後は、安らかに唱題していたが、寛文八年（一六六八年）二月十八日辰の上刻（午前七時〜七時四十分）に、

鷲の山つねに住むてふ峰の月かりにあらはれかりにかくれて

という辞世の歌をしたためると、目を閉じてそのまま息を引き取った。母が亡くなって二カ月半ほどのことである。享年四十六。

鷲の山の峰にかかる月は、月々日々に満ち欠けを繰り返したり、雲間に姿を隠しては現れたりしているけれども、常に存在し続けているのである――。

鷲の山とは、『法華経』が説かれた霊鷲山《りょうじゅせん》のことである。その霊鷲山で最後に説かれたとされる『法華経』の寿量品《じゅりょうぼん》において釈尊は、私がいつまでもこの世に存在し続けていると、衆生は仏を渇望《かつぼう》する心を抱かない。だから、あえて涅槃《ねはん》の姿を示す。「方便現涅槃《ほうべんげんねはん》」、すなわち自らが涅槃を現ずるのは、方便としてであり、実際は久遠《くおん》以来、常に娑婆《しゃば》世界に常住《じょうじゅう》し、説法教化《せっぽうきょうけ》していて、一心に仏を見たいと求める人があるならば、いつでもその人の前に出現するのだと語っていた。それは、雲間から現れたり、隠れたりする月の在り方と似ている。上人は、その寿量品を念頭において、月に託して辞世の歌を詠んだ。

## 元政上人の病

元政上人は、自ら「多病」と随所で記していたが、その病は何であったのだろうか。紀野一義氏は、その著『名僧列伝（四）――一遍・蓮如・元政・辨榮聖者』（一七三頁）で、十九歳、江戸勤番で出府中に風疾にかかった。肺結核である。

と断じている。中村真一郎氏の『雲のゆき来』(二一九頁)には、

上人の肺患は末期となるに及んで、再三、喀血を以て悩ませるようになる。

とあり、やはり肺患、すなわち肺結核と考えていたようである。

一九七一年に山喜房から出版された『身延道の記』の「解説」で小林啓善氏は、

実は上人の病気は、肺結核であったらしく、若い頃から、一進一退しつつあったが、一昨年(明暦三年)から、またも再発したので、摂州、高槻の国手、佐野雄軒の治療をうけていたのであった。

と、やはり肺結核としている。「国手《こくしゅ》」とは、医師の敬称であり、明暦三年(一六五七年)は、上人が深草に移り住んだ翌々年で三十五歳のことである。

しかし、元政上人の詩や文を読んできて、十九歳からずっと肺結核だとするには、上人自身の病状の描写との間に違和感を感じてならなかった。そんな思いを抱いていたところで、青山霞村氏の著作と出合った。明治四十二年(一九〇九年)に出版された『深草の元政』において、青山

氏は既に肺結核一辺倒とすることに疑義を呈していた。肺結核だと主張する人達の理由とするところは、上人が門下の慈忍への手紙に「予、遺忘の甚だしき、嘔血の後、毎々此《かく》の如《ごと》し」とあったことや、元贇への書簡に「余《よ》、嘔血以来、微《び》軀《く》、愈《いよいよ》衰ふ」とあることであって、弟子の宜翁《ぎおう》が死んだのは、その肺病が元政から伝染したからだとも言う。

これに対して青山氏は、その手紙はいずれも寛文五年（一六六五年）ごろのもので、上人の死の二年程前のことだとして、上人の直接の死因は肺結核だとしても、十九歳の時からそれを発症していたとすることに異を唱えている。宜翁の死も、上人が三十九歳の時のことで、上人の死まで七年もある。しかも、宜翁は、四月に微疾《びしつ》（微恙《びよう》、軽い病）に罹《かか》って六月に死ぬという速さだ。急性であり、決して肺病のような慢性の病ではなかった。

もしも、上人の死の七年前以前に宜翁に伝染するほどの症状に上人がなっていたならば、その数年後に上人は病衰の極みに達していたはずである。従って青山氏は、

迚《とて》も山だけでも卅六町《さんじゅうろくちょう》もある険峻に攀上《よじのぼ》る事は出来ない筈《はず》である。それに元政は死の一年半程前に醍醐山《だいごやま》に上り、翌年即ち死の半年前までも再び之に攀《よじ》る元気があって、たゞ先方の都合で麓《ふもと》で看月されたではないか。

と論じて、十九歳の時からの病が肺結核であったということと、その肺結核が宜翁に伝染したということとを否定している。醍醐山は、標高四五〇メートル、登山口からは二・七キロメートル

ある。
筆者も、「稲荷山《いなりやま》に登るの記」を読んでいて、同じことを考えた。そこには、「草山に棲遅《せいち》すること七八年」とあり、深草に住み始めて七、八年、すなわち上人が四十歳か四十一歳のことである。稲荷山は、東山三十六峰南端の山で標高二三二メートルある。その山登りの様子が次のように記されている。

松間を披《ひら》き石径を渉《わた》りて、一池に臨む。〔中略〕登ること半ばにして疲れぬ。樹陰に倚《よ》りて休す。余《よ》、特に疲れて臥《ふ》し、岩を以《もっ》て牀《ゆか》と為《な》し、久しくして未だ起きず。〔中略〕此れより又《また》、峰を攀《よ》じ、谷に俯《ふ》して、岩壁を渉りて一渓に下る。〔中略〕又、一峰に躋《のぼ》る。険なること掌《てのひら》を側《そばだ》つるが如し。一歩に一たび息《いこ》ふ。〔中略〕升《のぼ》り已《おわ》りて又、降《くだ》る。石級《せっきゅう》（石の階段）歯々《しし》たり。〔中略〕已《すで》にして絶頂に瑧《いた》る。則ち東西南北、山水城市、牀に倚りて盆池の中を瞰《み》るが如し。実に寰《かん》（大空におおわれた世界）内《ない》の絶景なり。

石段や岩場の険難な道を上ったり下ったりして、途中で「疲れて臥し」たと書き記してはいるが、最終的に頂上に到達していて、そこから京都の街並みを一望した感動を綴っている。それは、上人が亡くなる五、六年前、すなわち宜翁の死の翌年ごろのことである。
それでは、十九歳以来、上人を悩ませた病とは何だったのか？　上人は、「長い間治らない病」を意味する「沈痾《ちんあ》」「痼疾《こしつ》」という表現をしばしば用いている。自らのその病について、上人は、「性《しょう》、多病にして寒《かん》を憂《うれ》ふ。一歳のなかたゞ夏月を以《もっ》て快となす」「予《よ》、生平《せいへい》（日ごろから）多病にして、体中寒を悪《にく》む」と述べ、寒さを嫌っていた。また「寒疾《かんしつ》、風す可らず」「秋雨《しゅうう》、寒疾を抱《いだ》く」「病臥《びょうが》、睡《ねむ》ることを須《もち》いず　檐声《えんせい》、枕《まくら》に入《い》りて寒《さむ》し」「余、昨夜また寒疾を感じ臥榻《がとう》（寝床）にあり」などと記している。

　ここに何度も出てくる「寒疾」は、漢方の医学用語である。漢方では陰陽論《おんようろん》にもとづき、自然界のものを「熱」と「寒」、個人の体質も「熱証」と「寒証」に分ける。体が外界の「寒」の気を多く受け入れすぎると、「寒疾」という病気にかかるという。症状として、顔面蒼白、悪寒《おかん》、発熱、頭痛や全身痛、嘔吐《おうと》などが挙げられ、重篤《じゅうとく》の場合は死に至るという。従って、冬に病んで夏には治る病気である。そうであれば、「一歳のなかたゞ夏月を以《もっ》て快となす」と上人が記していることも納得がいく。

「余、痺病《ひびょう》を以《もっ》て寒時に至る毎《ごと》に必ず筆を絶す」という記述もある。冬の寒さや風邪が原因となって起こる病を中医学では風湿病と呼び、中でも四肢や関節の痛みを主な症状とする病気を痺病という。これも寒さを原因としている。

　上人の読書の範囲には医薬、食物関係も含まれていた。自ら『食医要編』一巻を著わしたほどである。自覚症状からある程度、病名の判定もできたはずである。

　以上のことを勘案すると、青山氏の言われるように、直接の死因は肺結核だとしても、十九歳以後、しばしば悩まされた病は、結核ではなく寒疾と呼ばれたものだと言えるのではないか。

## 膨大な業績の数々

元政上人は、その生涯に漢詩、和歌の創作だけでなく、多くの著作を残した。『元政上人行状』には、

遺集三十巻世に伝ふ。『艸山集』と曰《い》ふ。平生の著述『釈氏二十四孝』一巻、『龍華歴代師承伝』一巻、『龍華歴代師承伝鈔』一巻、『本朝法華伝』三巻、『小止観鈔』三巻、『艸山要路』一巻、『身延行記』一巻、『称心病課』一巻、『元元唱和集』二巻、『扶桑隠逸伝』三巻、『聖凡唱和』一巻、『如来秘蔵録』一巻、『食医要編』一巻、及び校訂するもの甚だ多し。尽《ことごと》く記せず。

と多くの著作が挙げられている。萩原本の三九頁に列挙された著作一覧を見ると、このほかに『江在垂示』『能因法師伝』『伊勢寺記』『北峰病課』『六万部寺縁起』『北野法華寺記』『衣裏宝珠《えりほうじゅ》鈔《しょう》』『応夢感信記』『日審上人行録』『納涼記』『北堂余話』『本朝法華伝』『釈門孝子伝』『温泉遊草』『草山和歌集』『以空上人方丈記』『都土産』『息心銘』『谷口山詩集』『霞谷法語』『唱題得意』『題目和歌鈔』『方丈記頭註』『文海波瀾』『法海波瀾』『事苑葉林』『耳目雑記』『艸山筆乗』『新学菩薩行要鈔』などの書名が追加される。

さらには、『行状』で「甚だ多し。尽《ことごと》く記せず」としていた「校訂するもの」の主なものだけでも、冠賢一《かんむりけんいち》著『近世日蓮宗出版史研究』などを参考にすると、『御開山改正法華経』『本化別頭仏祖統紀』『良心銘』『四教儀集註』『宝物集《ほうぶつしゅう》』『法華玄義』『法華文句』『文句輔正記』『文句記箋難』『天台三大部補注私記』『山家緒余集』『文句格言』『四教儀集解』『止観助覧』『梵網菩薩戒疏』『菩薩戒疏註』『止観義例』『義例纂要』『義例随釈』『釈門章服義』『袁中郎全集』などを挙げることができる。特に『大智度論《だいちどろん》』と『涅槃会疏《ねはんえしょ》』は、母の看病の傍らで取り組んだもので、『法苑珠林《ほうおんじゅりん》』の校訂は、半ばまで終えたところで母が亡くなり、続いて元政上人自身も亡くなったため、門下の慈忍が後半を仕上げた。それにしても、何とも驚嘆すべき業績の数々である。

元政上人の没後三年に陳元贇が八十五歳で亡くなった。二人が詩を通じて交流し得たのは十年にわたったことになる。

## 元政上人をたたえる人たち

元政上人の遺命に従って、「ただ竹両三竿《りょうさんかん》を栽《う》えて、塔を建てず」(『元政上人行状』)、深草瑞光寺の南方に墓標代わりの竹三本を植えた元政上人の墓が現在もある。

水戸の黄門・徳川光圀《とくがわみつくに》(一六二八〜一七〇〇)は、楠木正成《くすのきまさしげ》(一二九四〜一三三六)終焉《しゅうえん》の地である兵庫・湊川に「嗚呼忠臣楠子之墓《ああちゅうしんなんしのはか》」を建ててその帰路、元政の墓に詣でて、「孝子元政之《こうしげんせいの》墓《はか》」を建てることを提案したが、時の住職・慧明は、名聞名利《みようもんみようり》を嫌っていた上人の心を思って辞退したという。それでも光圀は、元政上人の三十三回忌に、上人の辞世の句の第一句「鷲の山」を配した追悼歌、

鷲の山分《わけ》てゐがたき道ぞとはふみゝて今ぞおもひしらるる
鷲の山山より山にいりぬれば空ふく風の音計《ばかり》して

竹三本を植えただけの元政上人の墓（瑞光寺）

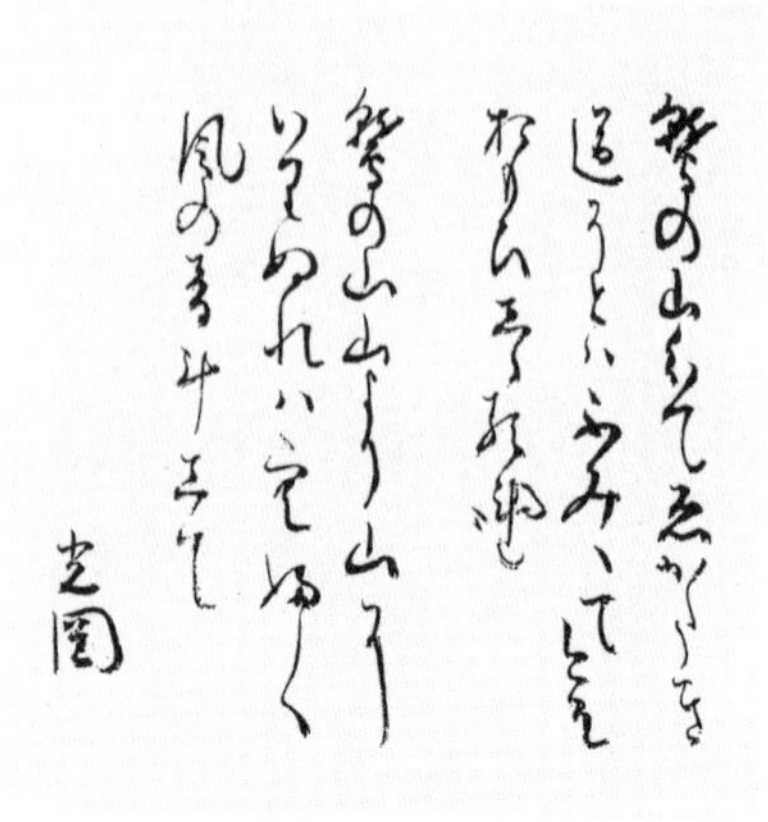

元政上人を追悼する水戸光圀の和歌（瑞光寺蔵）

の二首を寄せている（水戸光圀の墨蹟は萩原本の二三六頁に掲載）。それだけ、上人に対して尊崇の念を抱いていたことが読み取れる。

元政上人をたたえる人や、その墓を訪ねる人は、その後も絶えることがなかった。既に触れた松尾芭蕉や、その弟子、河合曾良のほかにも、井原西鶴、宝井其角、与謝蕪村《よさぶそん》らが元政上人を偲《しの》んで、句を残している。それは、次の通りである。

井原西鶴は、元政上人の孝心の厚さを、

元政の軒かこふたる藜《あかざ》かな

と詠んだ。藜は茎を乾燥させて老人用の杖として用いられた。根もとの珍妙な形状もあってか、仙人には欠かせない杖としても知られている。元政上人が、老父母のために植えた藜が寺の軒を囲っている——という句である。

江戸時代前期の俳人・宝井其角は、なかなか寝られず、九月十三日の栗名月《くりめいげつ》（十三夜《じゅうさんや》）を母と見て過ごした。急に雨が降ってきた。

『身延道の記』によると、その九月十三日という日は、元政上人の母が江戸・彦根藩邸に、上人が日本橋の宿に、別々に滞在している時で、離れ離れになって八日目に当たる。元政上人は、『身延道の記』に次のように記している。

母は六日のあしたより、そこのやかたにのみ、ゐたまへば、雲ゐのよそに、おもひやる心地して、うしろめたく、わするゝ時なし。

このような思いを抱きつつ、「十三夜、ふけゆくまで月を見て」として、上人は歌を詠んだ。

はてしなき草の枕のむさし野も月には秋のかぎりをぞ見る

旅先でのわびしい宿りをしながら十三夜の月を見ていると、武蔵野に果てしなく広がる野の草も、秋の風情には限りがあると見えてくる。月には遥かに及ぶものではない——。

其角は、この夜の元政上人に思いを馳せながら次の句を詠んだ。

寝られねば雨元政の十三夜

江戸時代中期の大坂の俳人・文人画家の与謝蕪村は、次の句を残している。

寒月や枯木の中の竹三竿《さんかん》

冬の夜、寒々として冴《さ》えわたった月に皓々《こうこう》と照らされて、枯れ木の中に三本の竹がひっそりと立っている――。俗世間の雑事などものともせず、超然としていた元政上人の姿を詠った。

戒律に厳格なその上人も、病には悩まされた。

元政の疝気《せんき》あはれむ火桶《ひおけ》かな

下腹部が痛む病（疝気）に相当に苦しめられたのであろう。痛みに耐えかねて、上人は火桶《ひおけ》（円火鉢《まるひばち》）を抱え込んでいる――と蕪村は憐れんだ。

江戸時代中期の京都の僧で、蕪村からライバル視され、芭蕉を俳聖として顕彰し定着させた俳人の五升庵蝶夢《ごしょうあんちょうむ》（一七三二～九六）は、「深草瑞光寺の元政上人の墓に詣でて」と前置きして、

塚やげに深草のおく秋の奥

元政上人の塚は、本当に深草の奥まったところにあり、今はまさに秋も奥ともいうべき晩秋である――という句を残した。

蕪村とならび称される江戸中期の俳人・加舎白雄《かやしらお》（一七三八～九一）は、

元政の松もかざらず老いが門

と、その簡素な暮らしぶりを詠んだ。

江戸時代を代表する俳人の一人で信州柏原生まれの小林一茶は、元政上人を目標としていたという。群馬・草津の俳人である鷺白《ろはく》は、その一茶に対して、「鬼貫《おにつら》、蕪村が上を飛越《とびこ》え、彼《か》の深草の元政を的《まと》にかけたる俳諧寺の一茶上人に贈る」として、

能柱《よきはしら》探りあてたよゆふ涼み

と詠み、一茶が元政を目標としたことを誉めている。

江戸から明治期にかけて信州伊那谷《いなだに》を中心に活動した放浪俳人の井上井月《いのうえせいげつ》（一八二二～八七）は、元政の竹三竿の墓を訪れ、母にささげた元政の生涯を偲んで次の二首を詠んだ。

深草や鶉《うずら》の声に日の当たる

元政が留守はまれなり啼《な》くうづら

父母の孝養のためにと毎日のように両親のもとを訪ね、ほとんど留守にすることのなかった元

政の孝心の深さをたたえている。

明治の文豪、幸田露伴（一八六七～一九四七）も、『評釈　芭蕉七部集　冬の日』（岩波書店）において、既に触れた松尾芭蕉の「元政の草の袂《たもと》も破《やれ》ぬべし」の句に触れて、

寛文八年、母八十七歳にして死す。元政も尋《つ》いで病みて死す、年四十六。草の袂といへるは麻衲草衣《まのうそうい》の境界を甘なへる人たりしによりて云《い》へるなり、古今集其他《そのた》の歌の詞《ことば》によりて云へるにはあらず。

と論じ、芭蕉門下の山本荷兮《かけい》（一六四八～一七一六）が「伏見木幡《こはた》の鐘はなをうつ」と詠んだことに関して、

元政は方外の徒たりと雖《いえど》も、情深く心美しかりし人にして、持律精厳ながら、時に源氏物語を講じ時に雅楽を為《な》さしめ、風流韻雅《ふうりゅういんが》、詩を愛し歌を好みたり、其居《そのきょ》は深草霞谷瑞光寺にして、伏見木幡《こはた》皆同じわたりなり。地に寺々多く、古歌もまた多きところなれば、元政静居の春の夕暮を思ひて、伏見木幡の鐘花をうつとは作れるなり。

と論じて、元政上人に言及している。

このほかにも、近年では関西俳壇でホトトギス派の俳人として重きをなした松瀬青々《まつせせいせい》（一八六

九〜一九三七）の次の句がある。

とひよりて竹を叩《たた》くや元政忌

日野草城《ひのそうじょう》（一九〇一〜五六）も次の二首を残した。

深草の秋や艸山瑞光寺

秋高く元政庵は古びたり

『法華経』を読んで感動し、「法華文学ノ創作」を志した宮沢賢治も元政上人の和歌一首をメモしていた。それが記されていたのは、『法華経』の常不軽《じょうふきょう》菩薩をモデルとした「デクノボー」のことを綴った詩「雨ニモマケズ」が記録されていたのと同じ手帳であった。「元政上人」という文字と、次の歌が頁いっぱいに鉛筆で書かれていた。

何故に砕きし骨のなごりぞとおもへば袖《そで》に玉ぞ散りける

これは、上人が母親と一緒に身延山に参詣した時、日蓮聖人の遺骨を拝した時に詠んだ歌である。法華経の行者として「難を忍び慈悲のすぐれたる事は、をそれをもいだきぬべし」（『開目抄』）と獅子吼《ししく》した日蓮聖人の粉骨砕身の生涯に思いをいたせば、報恩感謝の涙が玉となって袖を濡《ぬ》らしたものだ――。

亡くなる二年前、賢治は病床にあって十一月三日に「雨ニモマケズ」の詩を手帳の五一〜六〇頁に書き上げた。その手帳の一三七頁目に元政上人の和歌を記した。手帳は、発表するための作品として書くものではなく、その時々の心の思いや心情を書きとめたものであろう。病魔と闘いながらも身命を賭して仏法を探究し、文学的創作活動を続けた賢治は、同じような境遇にあって日蓮聖人への思いを詠んだ元政上人の和歌をわが心としていたのであろう。

上人没後約三百年に、俳人でホトトギス派の主宰であった高浜虚子《たかはまきょし》（一八七四〜一九五九）は、その墓所について『元政上人讃』で次のように記している。

元政上人、徳川中期の日蓮宗の高僧。俗に深草の元政と呼ぶ。諱《いみな》は日政、京都一条に生まる。姻戚に当る彦根城主井伊直孝に仕へ、慶安二年二十六才の時、致仕《ちし》（出家）して妙顕寺日豊の下に投じ、明暦元年三十二才に及び、山城深草の幽静なるを愛し、竹葉庵《ちくようあん》（一名称心庵）を結び、此《ここ》に住して『法華経』の研究をなすとともに日蓮の教義の闡明《せんめい》につとむ。寛文八年病重《おも》り起《た》つ能《あた》はざるを知るや、弟子慧明（日燈）に託し、二月十八日寂《じゃく》。寿四十六才。

名月や竹三竿の墓の主　　　虚子

ここに「竹葉庵」とあるが、それは計画されただけで実現しなかったことは、既に触れたとおりで、ここは「称心庵」とすべきである。

萩原是正師の『深草元政上人墨蹟』の別冊として出版された『元政上人と隆盛寺』に、元中央公論社編集長の島村力《しまむらつとむ》（一九三三〜）氏は、編集者として元政上人の生涯をまとめる際に姉崎正治編『彙編《いへん》　艸山詩集《そうざんししゅう》』上下二巻に出合った時の感想を「引（序文）の中の次の箇所に衝撃を受けた」と記し、姉崎氏による序文の一節を引用している。

十月十日、避難船に乗じて英国を去り、再び大西太平の両洋を航する間にも、艸山詩は常に航路の伴侶なりき、……今や大戦のもなか、世界は一変《いっぺん》せり、三百年前の詩文は現代に縁遠き感なき能《あた》はず、而《し》かも高潔たる人格の光は、時移り世は変《かわ》りてもうつろはず、人の心に達観の明を投じ、安立《あんりゅう》の地を与《あた》ふるに足るものあり、……上人の行学と思想と、共に利害禍福を超越して、天地の心に徹し、人生の真を捉へし跡を伝《つた》ふ、戦乱勃発の時、空襲警報ひびき亙《わた》る間、又《また》脅威出没の海路に暴風怒濤《どとう》を凌《しの》ぎし間、この艸山一集を手にして、心を鎮《しず》め念を練り得し己が体験《たいけん》を思へば、この一集を今の世人に供するも、敢《あえ》て没分暁《ぼつぶんぎょう》（道理のない）の挙《きょ》にはあらざるべし、

この引用に続けて、島村氏は次のように記している。

この二巻が発刊されたのが昭和十八年である。この書が刊行された一月は日本軍がガダルカ

ナル島撤退を開始し、日本は敗戦の道を歩み出した時である。日本にもどる避難船上で姉崎氏が元政の『艸山集』を心のたよりにしていたことが痛切に感じられた。

ここから、元政上人の詩に対する姉崎氏の格別の思いとともに、姉崎氏の文章を通じた島村氏の衝撃的な感動も伝わってくる。

# 第六章　元政上人の詩歌と仏教

元政上人の生涯と業績や、主だった詩歌の概略を見てくると、陳元贇や袁中郎から受けた影響もさることながら、その底流に日蓮聖人の思想や、『法華経』、そして『摩訶止観』などの天台三大部を考慮しなければならなくなってくる。それは、仏典を通じたインド人の思惟方法の影響にまでさかのぼることになる。これまで、仏教との関係から元政上人の詩歌が論じられることはあまりなかったように見受けられるが、ここで天台大師が『法華経』をもとに体系化した「一念三千《いちねんさんぜん》」と、『法華経』の「諸法実相」の観点から、元政上人の詩歌を概観してみよう。

上人は、幼いころから『法華経』を読み、『法華経』の講義に参加し、天台三大部を読破し、出家後は自ら『法華経』を講義していた。そこには、当然のこととして宗祖である日蓮聖人の著作の読み込みも含まれる。それを通して、『法華経』的なものの見方や考え方がおのずから身についていたのであろう。和歌について収玄居士（打它景軌）と語り合ったときも、居士から聞いたことは大いに納得できたけれども、既に自得していたことだと述懐していた（「霞谷に会《かい》する詩歌の叙《じょ》」）。このほか、「病臥」という詩でも、「自得」という文字が用いられている。上人は、自覚していなかったかもしれないが、仏教の思想を通じて詩や歌の心をおのずから得ていたのであろう。

十界のそれぞれを歌に詠むにも、仏教用語を用いることなく表現していた。仏教のものの見方、考え方を歌論、詩論として論ずることはなかったが、仏教のものの見方を通して詩歌を詠んでいたと言えよう。従って、陳元贇と出会い、袁中郎の詩論を学んだ時も、何ら違和感を覚えることなく、収玄居士から和歌についての話を聞いた時も、「自得していた」という思いを抱いたのであろう。その根源は、仏教のものの見方にあったといえよう。

## 仏法の道理を詠む

自らの精神世界や自然界の事物を平易に表現した詩のほかに、元政上人の詩には、釈尊、天台大師、日蓮聖人などを礼賛する詩も多い。天台大師や、日蓮聖人の重視した『法華経』、一念三千、三諦《さんたい》、止観などに関する仏法の道理を探究し、その思想を盛り込んだ詩も多数詠んだ。『身延道の記』で帰京途上、浜松を通過して、遠江《とおとうみ》国最西端の宿場町・白須賀《しらすか》（現在の静岡県湖西市白須賀）に着いた九月廿七《にじゅうしち》日の記録に妙楽大師の言葉を踏まえて漢詩を記している。それは、三十七歳の時のことであった。

三諦無形強立言　　三諦《さんたい》に形《かたち》なし、強《し》いて言《こと》を立《た》つ
空中非独不看痕　　空《くう》・中《ちゅう》、独《ひと》り痕《あと》を看《み》ざるに非《あら》ず
白菅亦是仮名字　　白菅《しらすか》も亦《また》是《こ》れ仮《け》の名字《みょうじ》なり
来入黄花紅葉村　　来《きた》って黄花《こうか》紅葉《こうよう》の村《むら》に入《い》る

冒頭の「三諦」とは、天台大師が『摩訶止観《まかしかん》』で『法華経』に基づいて体系化したもので、「空《くう》・仮《け》・中《ちゅう》の三諦《さんたい》」、すなわち空諦《くうたい》・仮諦《けたい》・中諦《ちゅうたい》のことで、それぞれ次のような意味である。

① あらゆる存在は、縁起《えんぎ》によって生じたものであって不変の実体がないと見る空諦。
② あらゆる存在は、不変の実体はないが、縁起によって仮に存在するものと見る仮諦。
③ 空と仮のいずれか一方に偏《かたよ》ることなく、両者が兼ね具わったものとして見る中諦。

「三諦無形《さんたいむぎょう》」（三諦《さんたい》に形《かたち》なし）という言葉は、妙楽大師による注釈書『摩訶止観輔行伝弘決《まかしかんぶぎょうでんぐけつ》』の次の文章に出てくる。

実相の体《たい》は三諦具足《ぐそく》す〔中略〕三諦は形無く、倶《とも》に見るべからず。然《しか》れども仮法《けほう》に即して、事《じ》に寄せて弁ずべし。

これは、次のように現代語訳できよう。

ものごとの真実の在り方は、空・仮・中の三諦をすべてそなえている。〔中略〕その三諦には形があるわけではなく、直接目に見ることはできない。けれども、その三つはそれぞれ分断されたものではなく、即空《そくくう》・即仮《そくけ》・即中《そくちゅう》であり、それぞれの立場をたもちつつも、互いに融和し、さまたげがないので、因縁によって仮に生じた個別的現象（事《じ》）を通じて、空と中の実態を理解することができるし、論ずることができる。

元政上人は、この考えを踏まえて、先の漢詩を作った。

三諦には目に見える形があるわけではない。けれども因縁によって仮に生じた個別的現象（事《じ》）を通じて、その実態を論ずることができるのだから、あえて言葉で論ずることにしよう。空諦も中諦も、仮諦として痕跡を見ることができないというのではない。仮諦を通じて空諦も中諦も理解できるのだ。

ここで、仮諦を「諸法」、空諦と中諦を「実相」と置き換えれば、ここは、後に詳述するところの「諸法実相」ということの別表現と言ってもいいところだ。「諸法」そのものが「実相」とは言えないが、「実相」は「諸法」を通じてしか現れ得ない。元政上人の詩魂には、この「諸法実相」という〝存在の在り方〟〝ものの見方〟が根底に貫かれているといえよう。

中国・北宋時代の天台宗第十四祖とされる四明知礼《しめいちれい》（九六〇〜一〇二八）は、この三諦具足《ぐそく》の実相を寂光土《じゃっこうど》（仏の覚りである真理そのものが具現した世界）と同一視し、三諦円融《えんゆう》の立場から、寂光土にも色相《しきそう》（目に見える姿・形）が実在し、色相にも寂光土が具有《ぐゆう》していると主張した。色相と寂光土は対立するものではなく、一体であるということだ。

現実の姿・形そのままで必ずしも寂光土とは言えないが、寂光土は現実の姿・形を通じて現れるという関係と言っていいであろう。

上人は、こうした関係を「白菅」に当てはめ、詩として表現しているのである。白菅は白須賀のことで、白須賀は「白い砂洲《さす》の上に開けた集落」を意味していて、和歌や多くの文献にその名が出てくる。当時、東海道では富士山の見える西の限界とされる景勝地で、中世から多くの文人・画家たちによって作品に取り上げられてきた。

白菅は、実体のないものに仮に名付けられた仮名《けみょう》であるかもしれないが、その村に入ると宿の庭に菊の花が今は盛りと咲き誇り、木々の紅葉が美しく映えていた。さながら寂光土を顕現しているかのようである――。

このように漢詩を詠んだのは、妙楽大師の『摩訶止観輔行伝弘決』に「三諦無形倶不可見《さんたいむぎょうくふかけん》」とあったことを思い出したからだと元政上人は『身延道の記』に記している。

元政上人は、この「三諦無形倶不可見」という八文字を揮毫《きごう》した。その墨蹟が、萩原本の一五

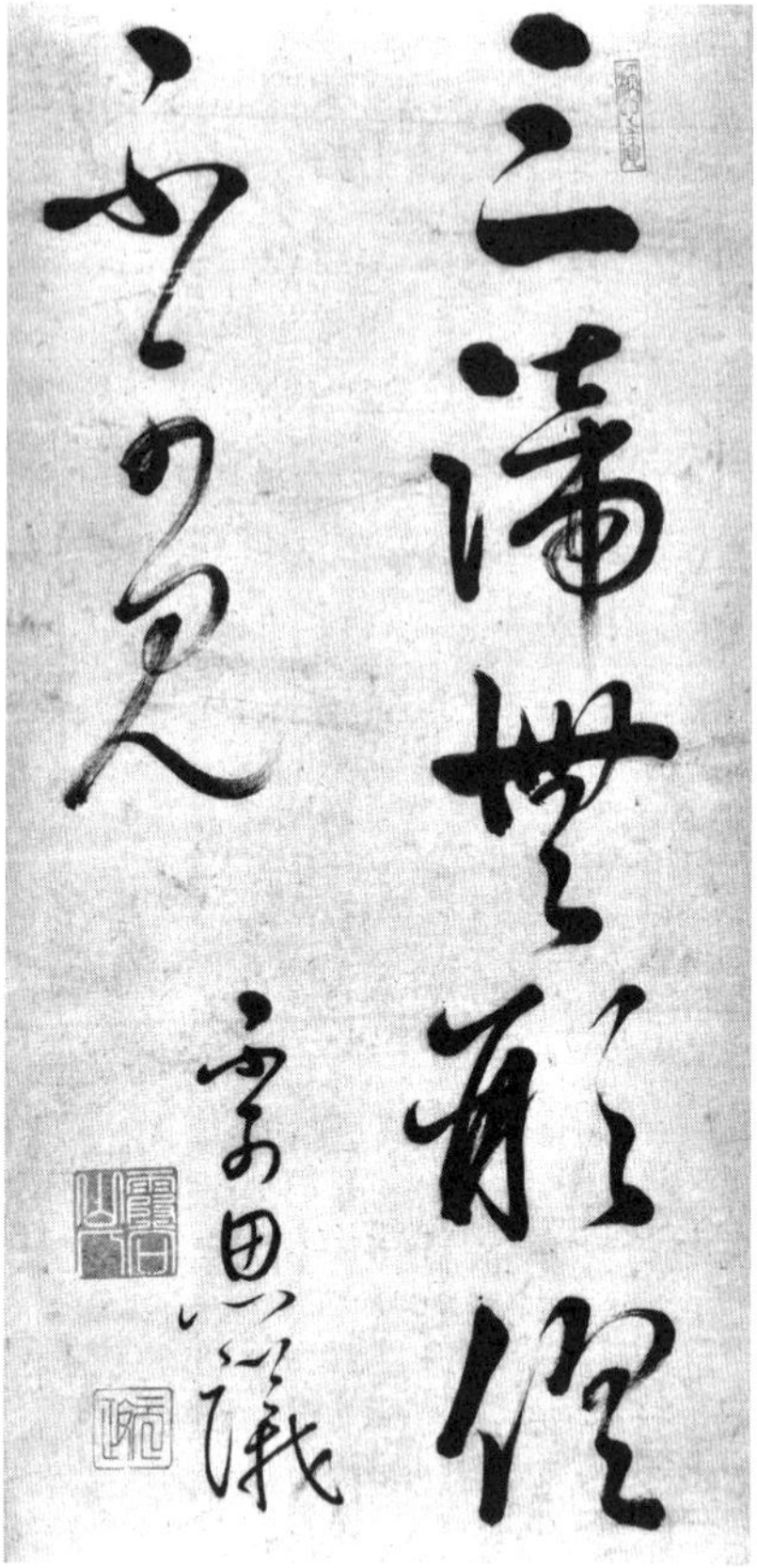

「三諦無形倶不可見」の元政上人墨蹟（隆盛寺蔵）

頁に掲げられている。上人は、それほどにこの言葉を重視していた。この八文字から詩の表現の在り方を読み取っていたのであろう。

**一身一念、法界に遍し**

戒・定・慧の三学にのっとり、「三諦無形倶不可見」という「諸法実相」の視点に立った詩作の営為は、上人にとって平等無差別の真理の世界（法界）に根差したものであったのであろう。それが、「偶成《ぐうせい》」（思いがけなくできた詩）と題する多くの詩の中の一つに描写されている。「偶成」と言えば、「少年老い易《やす》く学成り難し」で始まる朱熹《しゅき》（朱子《しゅし》）の詩が有名だが、同じ題名の詩を多くの詩人たちが作っている。それは、多くの画家たちが等しく「静物画」と題する絵を描いているようなものである。元政上人も次の詩を作った。

偶成

終日行法界
終日坐法界
終日立法界
終日臥法界

偶《ぐう》成《せい》

終日《しゅうじつ》、法界《ほうかい》に行《ゆ》き
終日《しゅうじつ》、法界《ほうかい》に坐《ざ》し
終日《しゅうじつ》、法界《ほうかい》に立《た》ち
終日《しゅうじつ》、法界《ほうかい》に臥《ふ》す

「行《ぎょう》」は行く（歩く）こと、「立《りゅう》」は立ったまま留まっていること、「坐《ざ》」は坐ること、「臥《が》」は横になって寝ることで、まとめて行立坐臥《ぎょうりゅうざが》（＝行住坐臥《ぎょうじゅうざが》）として、四威儀《しいぎ》と呼ばれる。これは、私たちが一日にとる身体の状態のすべてを挙げたものであり、転じて日常生活のすべてを意味している。そのすべての場面において、元政上人は常に法界に基づいて行動しているというのだ。

行立坐臥の現実の世界にありつつも、時空を超えた自己と宇宙と一体の世界（法界《ほうかい》）に基づいているということである。それは、妙楽大師の『摩訶止観輔行伝弘決』に、当《まさ》に知るべし、身土《しんど》一念の三千なり。故に成道《じょうどう》の時、此《こ》の本理《ほんり》に称《かのう》て一身一念《いっしんいちねん》、法界《ほうかい》に遍《あまね》し。

とあるそのままの世界を、元政上人が体験していたことの表明である。これは、天台大師によって体系化された「一念三千」が体現された時に開ける境地である。

## 「一念三千」とは何か

この一念三千について、元政上人は『艸山集』巻二十九の「霊薄の序」において次のように記している。

大雲の雨を降らすや膚寸《ふすん》の微《び》より起こりて、徧《あまね》く三千大千に覆ひ、普《あまね》く草木叢林《そうりん》を洽《うるお》す。大地の精霊、其《そ》の沢《うるお》ひを被《こうむ》らずといふこと靡《な》し。是《こ》れ雲の妙なり。之《これ》を廻向《えこう》に譬《たと》ふ。一念の微より起こりて普《あまね》く百界に薫《くん》じ、広く三千世間に通ず。法界《ほうかい》の群生《ぐんじょう》、其《そ》の潤《うるお》ひを受けずといふこと靡《な》し。彼の大雲の大千に雨ふるが如《ごと》し。是れ心の妙なり。何《なん》となれば、群生衆《おお》しと雖《いえど》も、一心を離れず。法界広しと雖も、一念を出でず。一念の体、虚空《こくう》に等し。一切衆生、互ひに具《ぐ》し、互ひに接す。猶《なほ》、虚空の虚空に合《がっ》するが如し。

「偏く三千大千に覆ひ」の「偏」は、『標註　艸山集』で人偏《にんべん》の「偏」となっているが、これは「かたよる」であり、「あまねく」とは逆の意味になる。版木に転写する際の写し間違いだと考えて行人偏《ぎょうにんべん》の「偏」に改めた。

三千大千世界を覆う大雲が雨を降らせ、満遍なく草木や林を潤すという『法華経』薬草喩品《やくそうゆほん》の譬えのように、ちっぽけな一念であっても百界、三千世間にまで滞りなく行き渡る。法界（あるがままの理法の世界）に存在するすべての生き物は、その潤いを受けないことがない。大雲が三千大千世界を潤すことが〝雲の妙〟であったのに対して、これは〝心の妙〟である。なぜならば、すべての生き物が多いと言っても、一心を離れることはない。法界が広いと言っても、一念を出ることはない。一念の体は虚空と等しいのだ。一切衆生は、それぞれ孤立しているのではなく、一心、一念を互いに具し、互いに接し合っているのだ。それは、虚空が虚空に合しているようなものだ。

この一節は廻向について説明するのに、「薬草の譬え」を例として一念三千の法理に則《のっと》ってあらゆるものが一念を通じ合っているということから論じたところだ。元政上人は、一念三千を論ずる中で一念が法界に偏満するということにも言及していた。

元政上人が、十九歳の時に立てた三つの願いの最後は、「三には天台の三大部を閲《けみ》せん」であった。「法華三大部」とも称されるその三大部の筆頭は『摩訶止観』であり、それは『法華経』の思想を基に「一念三千」を体系化したものである。

元政上人の詩歌を理解する一助になるかと思い、ここで、一念三千についての説明を試みておこう。私たちの身体も、その身体が存在している国土、すなわちその身体を取り巻く環境も、一念によって貫かれていて、その一念には、地獄《じごく》・餓鬼《がき》・畜生《ちくしょう》・修羅《しゅら》・人《にん》・天《てん》・声聞《しょうもん》・独覚《どっかく》・菩《ぼ》薩《さつ》・仏《ぶつ》の十界《じっかい》の具体相が具わり、その十界は、それぞれが隔てられて無関係にあるのではなく、十界のそれぞれに十界を互具《ごぐ》し合って百界となり、それに如是相《にょぜそう》・如是性《にょぜしょう》・如是体《にょぜたい》・如是力《にょぜりき》・如是作《にょぜさ》・如是因《にょぜいん》・如是縁《にょぜえん》・如是果《にょぜか》・如是報《にょぜほう》・如是本末究竟等《にょぜほんまつくきょうとう》といった因果や存在の在り方を示す十如是《じゅうにょぜ》を加味して千如是《せんにょぜ》となり、さらには五陰世間《ごおんせけん》・衆生世間《しゅじょうせけん》・国土世間《こくどせけん》と一念の広がりを示す三世間《さんせけん》を視野に入れて三千世間へと生命空間が拡がる。

この「三千」という数がどのようにして出てきたかと言えば、次の数式、

一念⇒（十界）×（十界）×（十如是）×（三世間）
＝（百法界）×（十如是）×（三世間）
＝（千如是）×（三世間）＝三千世間

で示されるであろう。

『摩訶止観』巻五にこの一念三千を端的に表現した文章として次の一節がある。

夫《そ》れ一心に十法界《じっぽうかい》を具《ぐ》す。一法界《いっぽうかい》に又《また》十法界を具すれば百法界なり。一界に三十種の世間を具すれば百法界に即三千種の世間を具す。此《こ》の三千、一念の心に在《あ》り。若《も》し心無《なく》んば而已《やみなん》。介爾《けに》も心有れば即《すなわ》ち三千を具す。

ここは、先ほどの説明とは違って、十如是と三世間のほうを先に組み合わせて「三十種の世間」としていて、

（百法界）×（十如是）×（三世間）＝（百法界）×（三十種世間）＝三千世間

という計算がなされている。組み合わせの順番が異なっているだけで、最終的な結論は変わらない。

この三千は一念の心に具わっているのであり、心そのものがなければ、話にならないが、もしもわずかでも心があるならば、そこに三千の諸法が具わっているというのである。

日蓮聖人は、『観心本尊抄《かんじんのほんぞんしょう》』をしたためるに当たり、冒頭に『摩訶止観』のこの一節を引用している。このほかの著作においても、一念三千について論ずるときは、妙楽大師の著作から以下のような文章を引用している。

> 故に止観に正しく観法《かんぽう》を明すに至つて、並びに三千を以《もっ》て指南《しなん》と為《な》す。乃《すなわ》ち是《こ》れ終窮究竟《しゅうぐくきょう》の極説《ごくせつ》なり。故に序の中に説《せつ》己《こ》心中《しんちゅう》所行《しょぎょう》の法門と云《い》ふ。良《まこと》に以《ゆえ》有るなり。請《こ》ふ尋ね読まん者、心に異縁無《な》かれ。
>
> （『摩訶止観輔行伝弘決』）

この一念三千の法門こそが、天台大師にとって「己心中に行ずる所」の究極の法門であったということだ。その三千を構成するものを、妙楽大師は次のように列挙している。

一切の諸業《しょごう》、十界・百界・千如・三千世間を出でざるなり。（同）

ここにも先ほどの掛け算の結果が段階的に並べられている。その各項目の意味する内実は、次の言葉で示される。

一念の心に於《おい》て十界《じっかい》に約《やく》せざれば、事《じ》を収むること偏《あまね》からず。三諦《さんたい》に約せざれば、理《り》を摂《と》ること周《あまね》からず。十如《じゅうにょ》を語らざれば、因果備はらず。三世間無《さんせけんな》んば、依正《えしょう》尽きず。（同）

これは、次のように現代語訳できよう。

瞬間の心（一念）の現れを、十界という尺度で見るから心の具体的現象（事）の全体像をとらえることができるし、空仮中《くうけちゅう》の三諦《さんたい》で論ずるからあらゆるものの存在の仕方の真理（理）を普遍的に押さえることができる。また、十如是を言うことによって因果の理法が備わってくるし、三世間によって依報《えほう》（環境）・正報《しょうほう》（主体）にわたる一念の広がりを明らかにすることができる。

先の「三千」という数や、それを導き出す掛け算にとらわれるよりも、「三千」を構成するそれぞれの項目の内実のほうが重要である。ここに挙げられた十界・三諦・十如是・三世間のそれぞれの内容を順に見ていこう。

## 十界とは

まず、一念の心を十界としてとらえることによって、具体的な心の活動（事《じ》）をすべて収めることができるということだが、その「十界」は、瞬間瞬間の心の現れを次の十種に分類したものである。

①地獄界＝苦悩・煩悶《はんもん》の境地。
②餓鬼界＝貪欲さに支配された境地。
③畜生界＝動物のように本能的欲求に支配された境地。
④修羅界＝自我に囚われ他に勝《まさ》っていないと気がすまない自己中心的境地。
⑤人　界＝激しい感情の起伏もなく平穏な人間らしい境地。
⑥天　界＝願望がかなって喜びに満たされた境地。
⑦声聞界＝仏の教えを聞くことによって煩悩を断じることを目指す境地。
⑧縁覚界＝独覚界《どっかくかい》ともいい、師につかず自然現象を縁としてただ独りで覚りを求めよう

とする境地。

⑨菩薩界 ＝ 一切衆生を救済しようと利他の実践を貫く慈悲の境地。

⑩仏　界 ＝ 円融円満な人格を完成した創造的で、能動的、かつ清らかな境地。

この十界は、それぞれに固定されたものではなく、地獄界にも仏界が具わり、仏界にも地獄界が具わるというように互いに他を具していて、時間の推移とともに移動可能である。それを「十《じっ》界互具《かいごぐ》」という。

妙楽大師は、空諦・仮諦・中諦の「三諦」の観点に立つから、あらゆるものごとの実相の真理（理）を摂取することができると論じているが、これは一念三千の数量には直接かかわってこないし、「三諦無形倶不可見」の詩を論じた所で既に述べたので、ここでは説明を省略する。

## 十如是とは

次に妙楽大師は、十如是を語るから、諸法（あらゆるものごと）が生起する因果の理法と存在の在り方が具わると論じている。その「十如是」は、次の通りである。

①如是相 ＝ 外面に現れた姿・形・振る舞い。

②如是性　＝　内面的な性質・性分。
③如是体　＝　本質・本体。
④如是力　＝　内在的な能力。
⑤如是作　＝　「力」が具体的に顕現した作用・働き。
⑥如是因　＝　「果」を招く内在的な直接原因。
⑦如是縁　＝　「因」を助ける補助的な間接原因。
⑧如是果　＝　「因」と「縁」の和合によって成立した内在的結果で、次の内在的「因」となる。
⑨如是報　＝　内在的「果」が具体的な現象として現れたもの。
⑩如是本末究竟等　＝　これらの「相」から「報」までのすべてが、それぞれ分断されてあるのではなく、相互に融合していること。

## 三世間とは

最後に妙楽大師は、三世間が説かれなければ、依法（環境）と正法（主体）の関係を語りつくすことができないと論じた。「三世間」は、生命活動を織りなす場（世界）の広がりを次の三段階に分類したものである。

①五陰《ごおん》世間＝色《しき》（身体と物質）・受《じゅ》（感受作用）・想《そう》（表象作用）・行《ぎょう》（意志作用）・識《しき》（識別作用）といった身体面と精神面にわたる五つの構成要素（五陰、または五蘊《ごうん》）の働きが織りなされる場としての個の世界。

②衆生世間＝五陰が和合して成立した生きとし生けるものの世界。

③国土世間＝衆生が住する山川草木《さんせんそうもく》などの自然や社会などの環境としての世界。衆生がその中で生存する「器《うつわ》」という意味で「器世間《きせけん》」ともいう。

## 一念の全体像と心の自由度

以上の十界、十如是、三世間を融合的に組み合わせて一念三千が体系化された。三千の数によって、心の働きの具体相、種々に生起しては変化するその因果、一念が主体だけでなく環境にまで遍満しているという在り方——といった一念の全貌が包摂される。けれども、それは可能性としての全貌であって、偏狭な心の場合は、現実として三千という数を満たすことはない。六道輪《ろくどうりん》廻《ね》している人は、実際生活では六界が互具しているのみで、六×六＝三十六界で、十如是を加味して三百六十如是、三世間を考慮しても「一念千八十」にしかならない。もっと心の不自由な人は、その数はさらに少なくなる。最も不自由な地獄界に囚われている人は、なかなかそこを抜けきれず最も極端な場合には、現実的には他の九界と互具することはなく、一界互具して一界で、十如是と三世間を加味しても「一念三十」でしかない。さらに地獄界に束縛され、がんじがらめになって、心が衆生世間や国土世間まで拡がることがなければ「一念十」ということもあり得る。そういう具合に、生命の変動可能な領域は限りなく小さくなる。その意味では、一念三千の三千は、一念（心）の自由度の最大値を示すものと理解できよう。そのことを言ったのが、次の妙楽大師の言葉である。

若《も》し三千に非ざれば、摂《と》ること偏《あまね》からず。若し円心《えんしん》に非ざれば、三千を摂《せつ》せず。

（『法華文句記』）

「三千」という数は、一念の可動領域の全体を示すものであり、それによって一念の全体像を把握することができるが、現実的には何も欠けたもののない円融円満の自由自在の心であって初めて、実際に一念が「三千」という数を満たすことができるのである。その時のことを、妙楽大師は次の言葉で示している。

実相は必ず諸法、諸法は必ず十如、十如は必ず十界、十界は必ず身土《しんど》なり。

（『金剛錍論《こんごうへいろん》』）

一念の真実の姿（実相）は必ず諸法という具体的な事物・現象をもって現れ、その諸法は必ず十如是という因果の理法にのっとって現れ、十如是は必ず十界という心の働きとして現れ、その十界の境涯は自己の身体（身）に閉ざされてあるのではなく、我が身の存在する環境（土《ど》）にまで拡がっている。だから、「本理に称《かの》て」覚りの境地に立った時、私たちの身体も一念も法界に遍満している（一身一念、法界に遍し）ということを覚知できるというのである。

逆に言えば、あらゆる諸法は実相の顕現したものだということになる。あらゆる現象や事物などの諸法そのものが、実相ではないけれども、実相はその諸法を通じて顕現するということだ。それが「諸法実相」と表現された。

## 時空を超えた〝私〟を詠う

元政上人が『摩訶止観』の「説己心中所行法門《せっこしんちゅうしょぎょうほうもん》」という言葉を目にしていたであろうことは、既に述べたとおりである。『法華経』『摩訶止観』の思想を通して、上人は、袁中郎の性霊説に出合う前から性霊説に共感する素養を既に身にそなえていたということであろう。上人には平易で真情を吐露した作品が多い。その中で筆者が感銘を受けたのは、次の詩である。

桃　花
桃花開谷口
黄鳥囀花枝

桃《もも》の花《はな》
桃花《とうか》、谷口《たにぐち》に開《さ》く
黄鳥《こうちょう》、花枝《かし》に囀《さえず》る

花発不言妙
鳥吟無字詩
谷静天地曠
春日一何遅
眼看浮雲尽
水流無息時
花影落霞晩
欲帰立水湄

花《はな》は不言《ふげん》の妙《みょう》を発《はっ》し
鳥《とり》は無字《むじ》の詩《し》を吟《ぎん》ず
谷《たに》、静《しず》かにして天地《てんち》曠《ひろ》し
春日《しゅんじつ》、一《いっ》に何《なん》ぞ遅《おそ》き
眼《め》に浮雲《うきぐも》の尽《つ》くるを看《み》る
水《みず》、流《なが》れて息《や》む時《とき》無《な》し
花影《かえい》、落霞《らっか》の晩《くれ》
帰《かえ》らんと欲《ほっ》して水湄《すいび》に立《た》つ

桃の花が、霞谷《かすみだに》の入口である谷口というところに咲き誇っている。鶯《うぐいす》（黄鳥）が、その花の枝で囀《さえず》っている。花はものを言わないけれども、言わずして一切を語るという妙を発揮し、鳥は囀って、音のみの文字によらない詩を吟じている。この谷は静寂で、私は果てしない宇宙の広がりの中にいるようだ。春の一日はただでさえ長いのに、この谷にいると、ひとえに時間の悠久さが感じられる。眼には空に浮かんでいる雲が消えてなくなるのを見届け、水は絶え間なく流れ続けて尽きることがない。桃の花のシルエットが夕焼けの空に映える夕暮れ時になって、ようやく帰らなければいけないという思いになり、腰を上げて、水際に立った――。

ここに「桃花」「不言」とあるので、上野洋三氏は『石川丈山・元政』（三一六頁）で、『史記』の「桃李言《とうりものい》わざれども下自《したおの》ずから蹊《みち》を成す」の故事に結び付けて解釈しているが、ここは『維《ゆい》摩経《まきょう》』の主人公・維摩詰《ゆいまきつ》について評した「維摩の一黙《いちもく》、雷《いかづち》の如し」のように、黙っていても多くを語っているという「妙」を述べたところだとしたほうがいいのではないか（拙訳『梵漢和対照・現代語訳　維摩経』六四八頁参照）。

また、上野氏は、「花が地面に影を落し、夕焼けの時刻」とも解釈されているが、昼間の直射日光と違い、夕暮れ時、空気中の微粒子に散乱された陽光で西の空一面が赤く染まる夕焼けの光では地面に影ができるはずがない。「花影」の「影」は、ここではシルエットと理解すべきであろう。そちらのほうが、ずっと美しい詩的情景になる。筆者は、ハワイのワイキキの浜辺で日没後の夕焼けとヤシの木のシルエットの美しさに我を忘れて時間がたつのも気付かないでたたずんでいたことを思い出す。

ここは、花、鳥、谷、春、雲、水、夕焼けという〝もの〟によって、広大で悠久の宇宙の中にいる〝私〟を詠い上げたところだといえよう。「諸法」という「あらゆるものごと」によって、「実相」を表現する「諸法実相《しょほうじっそう》」の理念の漢詩への応用と見ることができる。筆者には、後に触れる松尾芭蕉の「古池や蛙《かわず》飛び込む水の音」の句に通ずる世界が感じられる。

これに類する作品を挙げてみよう。

艸山遠眺
蕞爾一盧連翠微
艸山絶頂客攀稀

艸山《そうざん》の遠眺《えんちょう》
蕞爾《さいじ》たる一盧《いちりょ》、翠微《すいび》に連《つら》なる
艸山《そうざん》の絶頂《ぜっちょう》、客《きゃく》の攀《よ》ずること稀《まれ》なり

放牛処処疑鴉集
宿鷺村村怪蝶飛
雲断林梢孤塔出
風分蘆葉片帆帰
眺望有限心無限
猶坐松根送夕暉

放《ほう》牛《ぎゅう》処《しょ》処《しょ》、鴉《からす》の集《あつ》まるかと疑《うたが》い
宿《しゅく》鷺《ろ》村《そん》村《そん》、蝶《ちょう》の飛《と》ぶかと怪《あや》しむ
雲《くも》、林《りん》梢《しょう》に断《た》えて孤《こ》塔《とう》出《い》で
風《かぜ》、蘆《ろ》葉《よう》を分《わ》けて片《へん》帆《ぱん》帰《かえ》る
眺《ちょう》望《ぼう》限《かぎ》り有《あ》れども、心《こころ》限《かぎ》り無《な》し
猶《なお》、松《しょう》根《こん》に坐《ざ》して夕《せき》暉《き》を送《おく》る

非常に小さな私の庵は、裏からそのまま薄緑色の山に連なっている。その深草山の頂上には、人が昇ってくることも稀である。放牧された牛が、あちこちにいて、カラスが集まっているのかと思ってしまうほどである。シラサギが、ねぐらとしている木に群をなして止まっているのは、まるで蝶が群をなして木の周りを飛びまわっているのではないかと思ってしまう。

木々の梢《こずえ》にかかっていた雲が晴れ、一つの塔が姿を現した。風に吹かれた蘆《あし》の葉の間から、横風の中を帆走するために片方に傾けて張った帆をはらませて帰って来る船が見える。深草山からの眺望は、有限なものであるかもしれないけれども、私の心は時空を超えて無限に広がっている。このまましばらく、松の木の根もとに坐って沈みゆく夕日を見送ろう――。

上人は、五体に閉じ込められた自己ではなく、五体の枠を超越した壮大な自己を感じ、それを詩に詠うことが多いようだ。

とりとめもない興趣《きょうしゅ》（漫興）を催し、即興で作った詩がある。

漫興

万里無雲双眼明
杖藜得得曳吾軽
擎天為蓋地為履
終日吟行行不行

漫《まん》興《きょう》

万《ばん》里《り》雲《くも》無《な》くして双《そう》眼《がん》明《あき》らかなり
杖《じょう》藜《れい》、得《とく》得《とく》、吾《われ》を曳《ひ》きて軽《かろ》し
天《てん》を擎《ささ》げて蓋《ふた》と為《な》し地《ち》を履《くつ》と為《な》す
終《しゅう》日《じつ》、吟《ぎん》行《こう》、行《ゆ》けども行《ゆ》かず

万里の空には雲一つなく、両方の眼で遥か彼方まではっきりと見渡せる。藜《あかざ》の杖は自信満々に私を導いてくれて軽やかである。天空を持ちあげて傘となし、大地を履きものとなして、私の身心は、天地の大きさになっている。だから、詩を作るために一日中景勝の地を訪ねて回っても、どこまで行っても、行ったことにならないのだ——。「一身一念、法界に偏し」そのままである。
次の詩は、池の水面に天地の広大さが、すべて含まれていることを詠ったものである。

偶興

秋高秋水見秋空
誠識従来天地同
不用此時労俯仰
鳶飛魚躍一池中

偶《ぐう》興《きょう》

秋《あき》高《たか》くして秋《しゅう》水《すい》、秋《あき》空《ぞら》を見《み》る
誠《まこと》に識《し》る、従《じゅう》来《らい》、天《てん》地《ち》の同《おな》じきことを
用《もち》いず、此《こ》の時《とき》、俯《ふ》仰《ぎょう》を労《ろう》することを
鳶《とび》飛《と》び、魚《うお》躍《おど》る一《いっ》池《ち》の中《なか》

秋もたけなわで、澄み切った空が高く感じられ、池の清らかな水面に秋の空が映っているのが見える。それを見ていると、天も地も以前からずっと変わることなく一体であったということを目の当たりに知ることができる。だから、この時は、上を向いたり、下を向いたりする苦労は必要ない。鳶が空を飛び回るのも、魚が水の中を泳ぎ回り、水面から飛び跳ねるのも、すべて一つの池の中の出来事として展開されている――。元政上人の「虚空の虚空に合するが如し」という言葉そのままである。

次は、月夜に思いがけなくできた詩だが、これも心の鏡に映ったあらゆるものが、主客一体のものであるという感慨が表現されている。

月夜偶成
其　三
磨礪心鏡浮万影
更絶妙智亡妙境
魔界仏界同一如
白雲深処明月静

月夜《つきよ》の偶成《ぐうせい》
其の三
心鏡《しんきょう》を磨礪《まれい》して万影《ばんえい》を浮《う》かぶ
更《さら》に妙智《みょうち》を絶《ぜっ》して妙境《みょうきょう》を亡《ほろ》ぼす
魔界《まかい》も仏界《ぶっかい》も同《おな》じく一如《いちにょ》
白雲《はくうん》深《ふか》き処《ところ》、明月《めいげつ》静《しず》かなり

心の鏡を磨いて研ぎ澄ませば、森羅万象の姿をありのままに映し出すことができる。さらには、主体（智《ち》）と客体（境《きょう》）の関係においても、主体にとらわれる心を絶することによって、客体にとらわれることもなくなり、主体と客体が不二《ふに》となった境智冥合《きょうちみょうごう》の世界が開かれる。そこにおいては、魔界も仏界も二者択一の関係ではなく、コインの裏表のように一如である。それは、白い雲に深く覆われていても、雲の向こうには明月が静かに皎々《こうこう》と輝き続けているようなものである——。

## 時の悠久さを詠う

時空を超えた〝私〟を詠った詩は、既に見たが、それに加えて、時間の悠久さを詠った詩も紹介しておこう。林をめぐって境内に渓流があった。その渓流に架かる水月橋《すいげつきょう》の辺りの水面に映った月を眺めていて抱いた詩情である。

偶作

水月橋辺水月秋
水光月色共悠々
我心如水還如月
月落水流流不流

偶《ぐう》作《さく》

水月橋辺《すいげつきょうへん》、水月《すいげつ》の秋《あき》
水光月色《すいこうげっしょく》、共《とも》に悠々《ゆうゆう》
我《わ》が心《こころ》、水《みず》の如《ごと》く、還《ま》た月《つき》の如《ごと》し
月《つき》は水流《すいりゅう》に落《お》ちて、流《なが》れて流《なが》れず

水月橋の辺りの水面に月が映っている。水月の美しい秋である。水に映った月の光も、天空にかかる月の色も、ともに時の流れを感じさせず、悠久のものとして輝いている。私の心は、水のようでもあり、また月のようでもある。

月は、水の中に影を落として、水が絶えず流れていても、月はそれによって流れていくことはない。私の心にもさまざまな思いが絶えず流れて去来するが、その心自体は何も変わることはない――。

「万物は流転する」と言ったのは、ギリシアのヘラクレイトス(紀元前五三五頃~同四七五頃)と言われているが、この上人の詩は、流転しつつも、そこに変わらず一貫したものが存在していることを気づかせてくれる。

鴨長明は、河の流れを見ていて、次の感懐を抱いた。

ゆく河の流れは絶《たへ》ずして、しかももとの水にあらず。よどみに浮ぶうたかたは、かつ消え、かつ結びて、久しくとどまりたるためしなし。世の中にある人と栖《すみか》と、またかくのごとし。

これは、『方丈記』の書き出しの部分だが、「移りゆくもののはかなさ」を嘆いた文章である。長明は、京都下鴨神社禰宜《ねぎ》の家に生まれ、のちに社司《しゃし》(神職)に推挙されたが実現せず、失意のうちに出家し、山城国日野の外山《とやま》に方丈の庵を結び、隠遁《いんとん》生活を送った。この嘆きは、そうした経歴の影響であろうか。松岡正剛氏（一九四四〜）は、その著『千夜千冊』で、長明のことを「失意の人」「典型的な挫折者」「内田魯庵《うちだろあん》のいう〝理想負け〟」「山口昌男のいう〝敗け組〟」と評している。

それに対して、元政上人の詩には、同じく「移りゆくもの」を見ても、嘆きは全く感じられず、変化相のなかにも永遠相を感じ取り、悠久の思いに包まれている。ここには、『法華経』信奉者の現実への積極的なかかわりを重視する姿勢が表れているのであろう。

元政上人の詩を読みながら、筆者は雨期の八月にインドを訪問して、ガンジス川支流のネーランジャラー河（尼連禅河《にれんぜんが》）の畔《ほとり》に立った時のことを思い出した。ヴァーラーナシー（ベナレス）を出発してブッダ・ガヤーまで、バスで十時間の旅だったが、途中は見渡す限りの平野で山一つ目にすることはなかった。釈尊成道の地であるブッダ・ガヤーからほど近くのネーランジャラー河の畔である。これまでと違うのは、小高い山（前正覚山《ぜんしょうかくざん》）があることと、目の前を河が流れていることだ。乾期と違い、雨季には河の水の流れは絶えることなく、瞬間、瞬間、常に変わっているのに、河自体の様相は何も変わることはない。それは、遥かな久遠《くおん》より現在に流れ来たり、未来へと向かうもの、あるいは逆に、未知の未来から現在へ、現在から過去へと流れ行くがごとき、時間の悠久なさまを感じさせる。

こうして水の流れをじっと見ていると、仏典の「ダルマ」(dharma）という語が、中国で「法」と漢訳されたことが思い出され、感動を覚えた。「法」は、水を意味するサンズイに「去」と書く。「水」が常に流れ「去」りながらも、河としての姿は何も変わらないという在り方を達観した翻訳だ――と思っていたが、実はこれは〝美しい誤解〟であった。
「法」の字は、藤堂明保《とうどうあきやす》編『学研・漢和大字典』によると、「水」を意味するサンズイと、鹿と馬に似た珍獣「廌《たい》」と、ひっこめる意の「去」を組み合わせた会意文字《かいいもじ》「灋《ほう》」で、池の中の島に珍獣を押し込めて外に出られないようにしたさまを表しているという。島の中では自由だが、そこから一歩でも外にはみ出そうものなら、制約を受ける。そこから、「生活における決まり」「枠」を意味するということだ。

ガンジス河は、サンスクリット語でガンガー（gaṅgā）と言う。これは、「行く」という意味の動詞の語根「ガム」（gam）と、その語根から造られた形容詞「ガ」（ga）の女性形「ガー」（gā）の複合語で、「行く」という意味を強調した名詞（または形容詞）である（拙著『仏教、本当の教え』、一〇三頁参照）。従って、「行き行くもの」「とうとうと流れゆくもの」といった意味になる。その「ガンガー」を中国では、「恒河《ごうが》」と音写した。両者を組み合わせると、ガンジスの水の流れが、滔々《とうとう》としてとどまることなく、「行き行くもの」であっても、その河の姿は何ら変わることのない「恒《つね》なる河」ということになり、筆者の先ほどの〝美しい誤解〟がここで復活する。「行き行くもの」と「恒なる河」――ガンジス河を意味する梵・漢の二つの言葉を並べると、悠久のインドを象徴するガンジス河のイメージが膨らんでくる。

ガンジス河の支流、ネーランジャラー河の岸辺に立っていると、いつしか時間の感覚がなくなってしまった。そして「ただ・私が・今・ここに・いる」「世界と・ともに・今・私が・ここに・ある」という事実のみで、それすら意識していない状態にひたっていた。

忙しない社会の中で、私たちの心までせかせかとなってしまっていることに気付かされる。目まぐるしく変転する世界で、ちょっと立ち止まって、今という瞬間を見すえた時、そこに無上の宝がきらめいているような気がする。そこに、瞬間が永遠と開けるカギがあるような気がしてならない。

だから、

端坐《たんざ》して実相を思え。

（『観普賢菩薩行法経』）

と言われるのであろう。

筆者にとって、この時のインド訪問で一番心が落ち着く所が、このネーランジャラー河の畔だった。故郷に帰ったというか、心が洗われる所だった。筆者は、河の畔にたたずみながら、そのような感慨にひたっていた（拙著『人間主義者、ブッダに学ぶ――インド探訪』第六章参照）。

この元政上人の詩を読み返すと、その時ひたっていた諸法実相の感慨が蘇ってくる。

## 諸法実相を念頭に

その諸法実相と自らの詩作について元政上人は、『艸山集』巻二十五の「慈忍に与ふる書」で次のように言及している。

諸法実相は、清浄湛然《しょうじょうたんねん》として尚《な》ほ一相無し。何《いか》に況《いわん》や二有らんや。此《こ》の分別思量《ふんべつしりょう》の心を以《もっ》て、何ぞ能《よ》く寂滅《じゃくめつ》の法に契会《かいえ》せん。義門《ぎもん》を判釈して、言《こと》、理に当たらんことを欲す。〔中略〕名相《みょうそう》無き中に仮に名相を求め、言論無き処《ところ》に権《かり》に言論を設け、而《しこう》して之《これ》に進むに無我の勇を以《もっ》てせば、其《そ》れ必ず実相の理に於《お》いて自ら達し、人をして達せしめん。若《も》し此《こ》の意を得れば、則《すなわ》ち多言も亦《また》得たり。討論も亦得たり。

諸法の実相というものは、清浄であり、極めて静かで動ずることがなく、姿・形を離れていて形相がない。ものごとに囚われて妄《みだ》りに考えを及ぼすような心によって、寂静《じゃくじょう》に帰して一切の相を離れている真理にどうして適《かな》うことができようか。教義の部門を判別・解釈して、言葉が究極の真理に的中することを欲している。〔中略〕実相自体に言葉や姿・形はないけれども仮に言葉や姿・形を求め、言論の及ばないものであるけれども仮に言論を用いて、執着心を離れる決断力をもって進みゆくならば、必ず実相という究極の真理に自分が達することができるし、他者をも到達させることができるのである。このことを心得れば、多言を費やすことも、議論をすることも可能である――。

これは、形相や言語表現を離れた実相に対して、形相と言語で表現される諸法との関係を述べたところと言えよう。諸法そのものが実相でない。しかし、実相は諸法を通じて顕現する。諸法に執着することなく、諸法を通して実相を観ることを心得れば、言葉を用いることも可能であるということであろう。

このような立場に立つ元政上人にとって、詩歌がどのように生まれるのかを続けて次のように記している。

昨《さく》、宇水《うすい》に泛《うか》びて逍遥すること終日、古《いにし》へを感じ、今を思ふ。山昏《く》れ、水暮れて、猶未《なほいま》だ帰らんことを欲せず。興《きょう》に触れて発する所、詩と為《な》り歌と為る。〔中略〕古人の云く、大抵《たいてい》山に登り水に臨《のぞ》むは、以《もっ》て道機を触発し、心志を開豁《かいかつ》するに足れり。益を為すこと少なからず。又云《またい》ふ、山水を観《み》ること亦《また》書を読むが如《ごと》し。其《そ》の見趣の高下《こうげ》に随《したが》ふと。汝《なんじ》、我が詩を読まば、亦是《こ》の観を作《な》せ。

以前、宇治川で船に乗って終日、気ままに過ごすことがあった。古えの人たちもこのようにして過ごしていたことを感じ、今、ここでこのように気ままに過ごしている自分を思った。周りの山々も日が暮れて、川にも夕暮れが訪れてしまったが、それでもまだ帰ろうという気がしなかった。思わず、興趣にかられて言葉を発すると、それが漢詩となり、和歌となった。〔中略〕昔の人が言った。山に登ったり、河川や湖沼に臨んだりすることによって、覚りへの心が触発され、心が大きくなって物事に囚われなくなる。それによって得るものは少なくない。また、山と河川や湖沼に象徴される自然の美を観ることは、書物を読むのと同じことで、読む人の見識や情趣が高いか低いかによるのである。だから、あなたは、私の詩を読む時は、諸法と実相の関係にまつわる以上の観方《みかた》をなすように——と慈忍に教え諭した。

ここから、漢詩を吟じ、和歌を詠む時の元政上人には、「諸法実相」ということが念頭にあったということがうかがわれる。

# 第七章　ルーツはインド仏教に

## 「諸法実相」と和歌

前章で元政上人の詩歌の根底には『法華経』の「諸法実相《しょほうじっそう》」の考えがあったことを見た。実は、元政上人に限らず、和歌や俳句などの日本文学は、古来、この「諸法実相」という考えに基づいて展開されてきたと言っても過言ではない。例えば、十二世紀末の藤原俊成は『古来風躰抄《こらいふうていしょう》』という和歌論を書いている。その中で、「止観の明静《みょうじょう》なること前代も未《いま》だ聞かず」という天台大師の『摩訶止観』の序章の一節を挙げ、言葉では表現しにくいことを言葉によそうことによって思いが及ぶと述べ、さらには第一章で挙げた『法華経』法師功徳品の

若《も》し俗間《ぞっけん》の経書、治世《じせい》の語言《ごごん》、資生《ししょう》の業《ごう》等を説かんも、皆、正法に順ぜん。

を踏まえて、「歌のふかきみち」は正法（仏法）と通ずるものであるとして和歌論を展開していた。それは、空《くう》・仮《け》・中《ちゅう》の三諦《さんたい》、すなわち「諸法実相」の思想との類似性を述べた次の言葉に集約される。

歌のふかきみちを申すも、空仮中の三諦に似たるによりて、かよはしてしるし申すなり。

ここで言う空・仮・中の三諦は、次のような意味であろう。

現象界の諸々の事物は、縁起（関係性）によって成り立つものであり、固定した実体のない「仮」の存在である。そのような「仮」の事物を不変の実体とみなして執着するところに苦が生じる。こうして現象界に苦を感じると、その反動として、やはり普遍性こそが大事だとなりがちである。あらゆる事物に実体はない、「空《くう》」であって、執著したり、妄想したりすべきものではないとなる。ところが「空」にとらわれすぎると、今度は現実離れした抽象論、観念論になってしまう。やはり、現実が大事だと逆戻りしても、「仮」から「空」へと向かったり（従仮入空《じゅりけにっくう》）、その反対に「空」から「仮」へ向かったり（従空入仮《じゅうくうにっけ》）というように、二者択一的に一方に偏《へん》してしまっていることに変わりない。そのいずれの在り方も、偏頗《へんぱ》である。

そこにおいて、現象界の事物を固定した実体のない「仮《かり》」のものとして否定して「空《くう》」に立ち、その「空」にとらわれることを否定して、現実の「仮《け》」を肯定する。「従仮入空」と「従空入仮」の両面を兼ね備えて現象界にも普遍性にも偏ることなく、切っても切れない関係としてあることが「中諦」ということである。

空・仮・中の三諦を主張したのは、中国の天台大師であった。天台大師は、三つの項目に分けたが、インドでは、二諦《にたい》として二つに分けるのが常であった。「真諦《しんたい》」(paramārtha-satya)に対する「俗諦《ぞくたい》」(saṃvṛti-satya)の二つである。前者が究極の真理、後者が世俗的な真理を意味する。それぞれ、第一義諦《だいいちぎたい》に対する「世俗諦《せぞくたい》」、「勝義諦《しょうぎたい》」に対する「世俗諦」とも漢訳された。いずれにしても、現象界と普遍性との関係を論じたものであることに変わりはない。

こうした関係は、「諸法実相」の「実相」と「諸法」の関係とも置き換えることができる。「諸法実相」とは、「諸法」と「実相」の両方を見極め、「諸法」と「実相」のいずれか一方に偏るのではなく、「諸法」に即して「実相」を見、その「実相」は「諸法」を通して表現されるというように、両者が相依ってあるべきだと言っているととらえていいと思う。天台大師は、「諸法実相」を三諦によって意義付けようとしたのであろう。

先ほどの藤原俊成の『古来風躰抄』は、まさにその「諸法」と「実相」の関係を和歌論として展開したものであった。和歌を詠むときには、桜を愛《め》で、月を眺め、風を感じ、現象・事物としての花鳥風月《かちょうふうげつ》を歌に詠み込む。現象としての「もの」や「こと」に即して、その背後にある実在、すなわち実相というものを表現することが「歌のふかきみち」であるというわけだ。

また、室町時代後期の連歌師《れんがし》で宗祇《そうぎ》(一四二一〜一五〇二)という人がいた。この人は、次のようなことを言っていた。

なほなほ歌の道は只《ただ》慈悲を心にかけて、紅栄黄落《こうえいこうらく》を見ても生死《しょうじ》の理《ことわり》を観ずれば、心中の鬼《き》神《じん》もやはらぎ、本覚真如《ほんがくしんにょ》の道理に帰《き》す可《べ》く候《そうろう》。
（『吾妻問答《あづまもんどう》』）

木々の葉が紅くなって栄華の盛りを極め、黄色くなっては落葉する自然現象を見て、あらゆるものが生死《しょうじ》を繰り返しているという道理を達観する。それによって、「心を悩ませる荒々しく恐ろしい力を持つ神霊」も穏やかに静まり、あらゆるものが本来的に覚っているのであり、あるがままの真実を体現しているのだという理を覚知し、そこに回帰することになる。このように、自然現象の一端を歌として詠むことによって、人間と自然界にゆきわたる「あるがままの真実に即した道理」に立ち返ることができると述べている。

## 「諸法実相」と芭蕉

松尾芭蕉も、やはり「諸法実相」ということを重視していたようで、門人たちと『法華経』についで論じていたようだ。

古池や蛙《かわず》飛び込む水の音

という有名な句がある（芭蕉直筆の短冊が平塚の隆盛寺にあり、萩原本の三〇七頁に収録されている）。俳句に関しては、ど素人《しろうと》である筆者の勝手な思い込みかもしれないが、筆者なりに解釈してみよう。ここには「古池」「蛙」「水の音」という〝事物〟〝現象〟が羅列されている。それによって、「私」が「ここ」にいて、「古池」が向こうにあって、「蛙」がそこにいる。その「蛙」がポチャンと「水の音」を立てて池に飛び込んだ。すると、その水面に波紋が生じて同心円を描いて広がっていく。さらには、そのポチャンという音が向こうからこちらへ伝わってきて、それが「私」を通りすぎて宇宙大に広がっていく——というようなイメージを筆者は抱く。

単に「古池」と「蛙」と「水の音」というモノや現象を羅列することによって、〝私〟が〝今〟〝ここ〟にいて、宇宙の中に存在しているというような宇宙の広がりを筆者は感じる。これは「古池」と「蛙」と「水の音」という「諸法」を通して、宇宙の広がりの中の自己という「実相」を表現しているのではないかと、筆者には思える。

既に挙げた「桃の花」と題する元政上人の詩も、まさに花、鳥、谷、春、雲、水、夕焼けという〝もの〟によって、広大で悠久の宇宙の中にいる〝私〟を表現していた。「終日、法界に行き／終日、法界に坐し／終日、法界に立ち／終日、法界に臥す」と吟じた詩もその通りである。元政上人が、「詩歌の道をよくすれば、即ち定恵《じょうえ》（慧）二法を修するなり、二法を具すること、詩歌の一致なり」と日記に綴っていたのはこのことであろう。

元政上人は「三諦無形倶不可見」という言葉を大事にし、「一身一念、法界に遍し」ということを詩に表現していたが、この芭蕉の句も同じだと言えよう。

小林一茶に、

痩《や》せ蛙《がえる》負けるな一茶これにあり
我と来て遊べや親のない雀
やれ打つな蠅が手をする足をする
雀の子そこのけそこのけお馬が通る

といった句がある。ここには、元政上人の影響もあってか、生き物に対する優しさが表現されている。けれども、宇宙の広がりや、「実相」を感じさせる句ではない。

芭蕉は、日蓮聖人の命日である十月十三日の前後に行なわれる御会式《おえしき》（御命講《おめいこう》）の御逮夜《おたいや》に参加して次の句を詠んでいた。

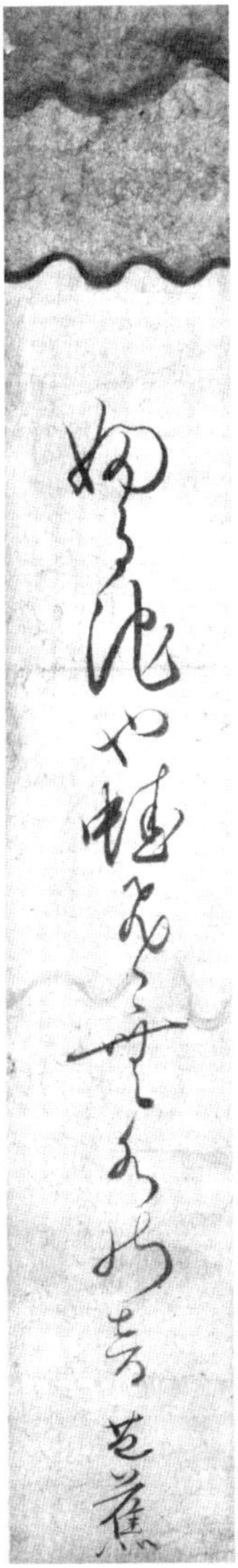

松尾芭蕉筆の「ふる池や……」の短冊（隆盛寺蔵）

## 御命講《おめいこ》や油のやうな酒五升

この句を詠んだのは、信徒からの供養の品々の名前を挙げた日蓮聖人の消息文《しょうそくぶん》「新麦一斗、筍《たけのこ》三本、油のやうな酒五升、南無妙法蓮華経と回向《えこう》いたし候」という一文を読んでのことだと、蕉門十哲（十大弟子）の一人である森川許六《もりかわきょりく》（一六五六〜一七一五）が芭蕉と雑談した折に聞いていたこととして書き残している（『風俗文選《ふうぞくもんぜん》』）。芭蕉が、日蓮聖人の遺文を相当に読み込んでいたことが分かる（ただ、この一文は『昭和定本・日蓮聖人遺文』等には収録されていない）。

この句は、身延山に登詣したときの作品だと主張する人もあるようだが、その証拠は見当たらず、日蓮聖人終焉の地、池上本門寺で詠んだとする俳諧研究家の考えを上田本昌《うえだほんしょう》氏（一九三〇〜）が「俳諧文学に現れた日蓮聖人」（『棲神《せいしん》』第38号所収）で紹介している。芭蕉が江戸・深川に住んでいたことを考えれば、池上本門寺とするほうが妥当であろう。その芭蕉が亡くなったのが御逮夜法要の行なわれる十月十二日とあって、芭蕉没後にも門下たちは芭蕉の追善を兼ねて御会式に参加していた。

このように松尾芭蕉は、法華信仰をはじめとして仏教に関心を深くしていた。芭蕉の句は、仏教の影響を受けて、相当に「諸法実相」という世界を表現しようとしていたように思える。現にその許六らと『法華経』についてずいぶん語り合っていたようだ。彼らの作品の中にも『法華経』を踏まえた句がずいぶん出てくる。例えば、山本荷兮は、

おもふ事ながれて通るしみづ哉《かな》

という句を詠んでいる。この句だけ見ると、単に「清水」の流れるさまを詠ったものかなと思われる。ところが、この句の直前に「十如是《じゅうにょぜ》」の三文字がある。十如是の各項目は、鳩摩羅什訳の『法華経』方便品《ほうべんぽん》の次の一節に出てくる。

唯《ただ》、仏と仏と、乃《いま》し能《よ》く諸法の実相を究尽《くじん》したまえばなり。所謂《いわゆる》、諸法の如是相《にょぜそう》、如是性《にょぜしょう》、如是体《にょぜたい》、如是力《にょぜりき》、如是作《にょぜさ》、如是因《にょぜいん》、如是縁《にょぜえん》、如是果《にょぜか》、如是報《にょぜほう》、如是本末究竟等《にょぜほんまつくきょうとう》なり。

（拙訳『梵漢和対照・現代語訳　法華経』上巻、七八頁）

ここでは「諸法実相」の内実が、二二六～二二七頁で説明した相・性・体・力・作・因・縁・果・報・本末究竟等の十如是として言い換えられている。

だから、山本荷兮のこの句は「十如是という諸法実相の理法に基づく時、我々の考えることは、滞ることなく流れゆく清水のように、森羅万象《しんらばんしょう》や生きとし生けるものとお互いに通いゆくものである」といった意味になるかと思う。

蕉門十哲に挙げられる服部土芳《はっとりとほう》（一六五七～一七三〇）は、蕉風を忠実かつ体系的に伝えるために俳論の書『三冊子《さんぞうし》』（「白冊子《しろぞうし》」「赤冊子《あかぞうし》」「黒冊子《くろぞうし》」の三部からなる）をまとめ、没後に刊行された。その「赤冊子」に「高く心を悟りて俗に帰るべし」とある。これも「真諦と俗諦」、あるいは「実相と諸法」の関係と言っていいであろう。

あるいは、各務支考《かがみしこう》（一六六五〜一七三一）という人は、「法華経を要《かなめ》として」芭蕉の俳諧論を『俳諧十論《はいかいじゅうろん》』としてまとめ、「俳諧といふは別のことなし。上手《じょうず》に迂詐《うそ》（嘘《うそ》）をつくことなり」といったキャッチコピーを挙げている。また『虚実論《きょじつろん》』を著して、「実《じつ》を以《もっ》て方便の門を開き」（真実によって仮に設けられた教えの門を開く）という『法華経』の考えを根拠として、「虚《きょ》に居て実をおこなふべし。実に居て虚にあそぶべからず」（虚構によって真実を表現するべきであって、その逆であってはならない）と述べ、俳諧における虚構（フィクション）と真実（ノンフィクション）の意義を論じている。芭蕉の『奥の細道』は、随行者の曾良《そら》が記録した『曾良旅日記《そらたびにっき》』と比べても、かなりフィクション化されて、客観的で優美な文学空間と永遠の旅人の世界を作り出している。そこに、「虚に居て実をおこなふべし」の実際を見て取ることができる。

この場合の「虚」と「実」、すなわちフィクションとノンフィクション――両者の関係は「諸法」と「実相」に対応していて、『虚実論』は、まさに「諸法実相論」の変形ではないかと思う。

## 「諸法実相」と近松の虚実皮膜論

あるいは、三百年ほど前の浄瑠璃《じょうるり》・歌舞伎《かぶき》作家である近松門左衛門《ちかまつもんざえもん》（一六五三〜一七二四）に、芸といふものは実と虚との皮膜の間にあるものなり。〔中略〕虚にして虚にあらず、実にして実にあらず、この間に慰《なぐさみ》が有るもの也《なり》。
（『難波土産《なにわみやげ》』）

という趣旨の「虚実皮膜論《きょじつひまくろん》」という芸術論がある。ここにも「虚」と「実」という文字が出てくる。この虚と実の違いは、薄い皮膜を隔てるぐらいのものでしかない、事実を事実のまま記録したってそれは面白くもなんともない。けれども、そこに事実プラス・アルファとして「虚」を織り込むことによって真実というものが、生き生きとクローズアップされて、人々に感動をもたらす。これも「諸法実相論」の応用だと思う。

この「虚実皮膜論」という文字を見ると、日蓮聖人の著作の中に用いられている「竹膜《ちくまく》を隔つ」（『観心本尊抄』）という言葉を思い出す。この近松門左衛門自身が日蓮聖人の信奉者だったようだから、おそらくこの言葉を知っていたことであろう。

駆け足で日本文学への仏教の影響を見てきたが、『摩訶止観』や「諸法実相」といった仏教思想の影響が無視できないことが理解されよう。それは、元政上人の詩歌について論じた際にも出てきたものである。上人の「新居」や「桃の花」といった漢詩を読んだ時、筆者は芭蕉の「古池や……」の句に感じていたことと同じ感慨を抱いた。それは、〝もの〟（諸法）によって「実相」を表現するというものだ。天台三大部を読むことを発願《ほつがん》して、それを実行した元政上人は、一念三千や諸法実相というものの見方、考え方が、おのずと身に着いていたのであろう。それが、袁中郎の「性霊説」に触れた時、自分の内面にある詩魂を言語化し、表現してくれていると思ったのであろう。元政上人の詩作の根底には、自覚されていたかどうかは分からないが、『法華経』や天台三大部などを通して培われた仏教的な認識論や存在論があったと考えるべきであろう。それが、人や書物を通じて学んだ時に語っていた「已《おの》れ之《これ》を自得せり」という元政上人の言葉の意味するところであろう。藤原俊成から、宗祇、松尾芭蕉、各務支考、近松門左衛門といった流れの中に元政上人もしっかりと位置づけられる。

このように日本文学の底流にある「諸法実相」のルーツをたどっていけば、インド仏教にまでさかのぼることになる。本居宣長《もとおりのりなが》（一七三〇〜一八〇一）などの国粋主義者たちは、日本文化から中国的なもの、インド的なものを排除しようとしたが、和歌自体がインドの文化を色濃く反映していたのであり、取り除くことなどできるはずがない。

## サンスクリット語で「諸法実相」は

「諸法実相」という言葉は、大乗仏典の『般若経《はんにゃきょう》』や、『法華経《ほけきょう》』などに出てくる。それは、「諸法は実相」ではなく、「諸法の実相」と読まなければならない（拙著『仏教、本当の教え』一九三頁参照）。「諸法」は、「法」と漢訳されたダルマ（dharma）の複数形ダルマーハ（dharmāḥ）の訳で、「あらゆるものごと」という意味である。「実相」というのは、「真実のありのままの姿」で、「実在」を意味する。だから「諸法実相」は「あらゆるものごとの真実の姿」という意味になる。

五世紀初めに鳩摩羅什が「諸法実相」と漢訳したサンスクリット語のもとの言葉は、『法華経』ではダルマター（dharmatā）であった。「ものごと」を意味するダルマ（dharma）の語尾に、女性の抽象名詞を作る接尾辞ター（tā）をつけたものである。「ダルマ」が「ダルマター」になると、「ものごとや、現象」という意味から、「ものごとや、現象を、そうあらしめているもの」「ものごとや、現象の本性」「ものごとや、現象の真実の姿」という意味になる。

インドでは、現象としての「ものごと」、すなわち「諸法」よりも、「ものごとをそうあらしめている、その背後にある実在」、すなわち「実相」を見ようという傾向が顕著である。

われわれは、「事物があって、それにいろいろな属性が具わっている」とか、「事物があって、それに現象が現れる」と考えるが、インド人は「事物も属性も、その事物の背後にある普遍性の現れの一つにすぎない」と見ているようだ。「現象や事物」に対して、その背後にある「実在」、この両者を見すえることが「諸法実相」という言葉には含まれている。

## インド人の普遍性重視

この「諸法実相」ということを理解するためには、インド人のものの見方、考え方を知ることが一番である。それは、言語の特質にも現れている。

世界で最も抽象名詞の多い言語は、サンスクリット語である。それは、動詞を除いて、形容詞であれ、副詞であれ、名詞であれ、何にでもター（tā）などの接尾辞を付けさえすれば、抽象名詞を作ることができるからだ。サンスクリット語の辞典には、すべての名詞・形容詞・副詞の単語の次に、それぞれの単語の語尾にtāを付した抽象名詞が項目として挙げてある。ダルマに対するダルマターもその一環である。

それは、普遍的な真理に関心が強いインド人の国民性の表われであって、そういう国民性がサンスクリット文法の特徴にも表われているのだ（中村元著『インド人の思惟方法』第二章を参照）。

例えば、日本語では「この紙は白い」と言う。英語でも、This paper is white. と言う。ほとんどの言語では、このような表現の仕方をする。それは、紙に「白い」という現象を見ていることを意味する。

ところが、インド人は、「この紙は白性《しろせい》を持つ」という表現を好む。「白性」（śuklatā < śukla + tā）という抽象名詞は、この紙の「白（śukla）という現象を白たらしめているもの」を意味している。「この紙は白い」というのは、現象を見ている。「白性」、あるいは「白を白たらしめるもの」という言い方には、「われわれは、現象として白と見ているけれども、それが白いのは、白を白たらしめている働きが背後にあるからだ」という考え方が貫かれている。現象よりも、その背後にある実在を見ているのだ。それは、インド人が極めて宗教的であり、詩的民族であるということを意味する。

だから、インドでは極めて詩が愛好されている。紀元前二世紀から紀元後二世紀にかけて成立したとされる『マヌ法典』は、すべての条文が韻文で書かれている。法律書だけではなく、インドでは医学書、数学書、宗教書、哲学書、政治学書、経済学書、自然科学書までもが韻文で書かれていた。近年でも、学術論文を韻文でまとめる学者がいるほどだ。

筆者が日本語に現代語訳したサンスクリット語の『法華経』と『維摩経』をはじめとする仏典も、散文（長行《じょうごう》）の後に韻文（偈《げ》）が出てくる。その韻文の多くは、シュローカ（śloka）という形式で、八音節を一句とする四つの句で一つの詩が構成されている。ナーガールジュナ（龍樹）の『中論《ちゅうろん》』も全文がシュローカで書かれた詩の形式をとっている。八音節が四つで「三十二音節」という文字数は、和歌が「三十一文字《みそひともじ》」であることと似ている。

## インドで高まる短歌・俳句への関心

以上のように見てきたことを踏まえ、「諸法実相」というインド仏教の思想が日本文学に与えた影響について、筆者はインドの詩人・学者たちの前で講演したことがあった。二〇一五年七月に東京・千代田区のインド大使館の講堂で行なわれた日本の短歌・俳句をめぐる「インド文学祭」においてである。インドから六人の詩人・学者が参加していたが、「日本文学に見る大乗仏教の影響——短歌、俳句を中心に」と題する筆者の発表内容に大変に関心を持ってくださり、講演終了後、代表が近づいてこられて、「あなたが発表された英語の原稿が欲しい」とおっしゃった。

また、国際啄木学会インド支部の支部長を務め、日本の俳句を英語やヒンディー語に翻訳したり、みずから俳句を詠んだりしている女性詩人のウニタ・サチダナンド博士は、インドでは短歌・俳句に対する関心が高まっていることを報告された。そして、「タゴールは、俳句について『われわれに最も近い詩』と評していました」と、教えてくれた。

一九一三年にアジアで初のノーベル文学賞を受賞したインドの詩聖・ラビンドラナート・タゴール（一八六一〜一九四一）は、①仏教は徹底して平等を説いた。②仏教は迷信やドグマや占いなどを徹底して排除した。③西洋の倫理が神に対する人間の約束事として説かれるのに対して、仏教の倫理は人間対人間という現実の関係において説かれた——といったことを挙げて、「仏教は二十一世紀に重要な思想として注目されるでしょう」と語り、仏教に多大なる関心を示していた（拙著『仏教、本当の教え』第一章を参照）。それだけに、直感的にインド的な何か、あるいは仏教的なものを俳句に感じ取っていたのではないかと思った。

インドに端を発した仏教が、シルクロードを経て、中国、朝鮮を経て日本に伝播し、和歌・俳句などの文学に深みを与えて花開いた。ところが、そのインドでは、一二〇三年のイスラム教徒によるヴィクラマシーラ寺院の襲撃をもって、仏教徒は〝ゼロ〟となってしまった。タゴールが亡くなった一九四一年の国勢調査では、インドの総人口三億八千九百万のうち仏教徒は二十三万余で、〇・〇六パーセントでしかなかった。その後、現在に至るまで十三倍の〇・八パーセントに増加するが、それは、一九五六年、インド憲法の起草者の一人で初代法務大臣を務めたビームラーオ・R・アンベードカル博士（一八九一〜一九五六）が死の直前に、「人間の平等を説いているのは仏教である」として、自らと同じ五十万人余の不可触民と共に仏教徒に改宗したことによる。それでも、全人口の一パーセントにも満たない。限りなく、〃ゼロ〃に近いことは変わりないのである。

## 仏法西還の先駆けとして

そのインドで、短歌・俳句への関心が高まっているという。筆者はそれを聞いて、インドで仏教が壊滅した年から十九年目に生まれた日蓮聖人が、「仏法西還《ぶっぽうせいかん》」ということを語っていたことを思い出した。それは、ヴィクラマシーラ寺院の襲撃から七十年目の一二七三年に書かれた『顕《けん》仏未来記《ぶつみらいき》』において語られたものである。

日蓮聖人は、その中で次のように論じていた。

妙楽大師《みょうらくだいし》の云《いわ》く「豈中国《あにちゅうごく》に法を失いて、之《これ》を四維《しい》に求むるに非ずや」等云云《うんぬん》。天竺《てんじく》に仏法無き証文なり。漢土に於《おい》て高宗皇帝の時、北狄東京《ほくてきとんきん》を領して今に一百五十余年、仏法・王法共に尽き了《おわ》んぬ。漢土の大蔵の中に小乗経は一向之《こ》れ無く、大乗経は多分之《これ》を失す。日本より寂照《じゃくしょう》等、少少之《これ》を渡す。然《しか》りと雖《いえど》も伝持《でんじ》の人無《なけ》れば、猶木石《なおぼくせき》の衣鉢《えはつ》を帯持《たいじ》せるが如《ごと》し。故に遵式《じゅんしき》の云く「始め西より伝う。猶《なお》月の生ずるが如し。今復《また》東より返る。猶お日の昇るが如し」等云云。此等《これら》の釈の如くんば、天竺、漢土に於て仏法を失せること勿論《もちろん》なり。

ここに「中国」とあるのは、今の中華人民共和国のことではない。サンスクリット語のマディヤ・デーシャ（madhya-deśa）を翻訳した「〔インドの〕中央の国」という意味の「中天竺」、すなわちガンジス河中流域のことだ。

この引用は、妙楽大師の『法華文句記』からであるが、八世紀の妙楽大師の時代には仏法衰退の兆候が現れていたのであろう。インドの中央部で仏法が失われ、周囲の国々に求めようとしていると記していることから、日蓮聖人はインドに仏法が失われてしまったことを証する一節だと理解した。日蓮聖人がそのように書いた時点（一二七三年）では、インドにおいて仏法は歴史的事実として既に一二〇三年に壊滅していた。また、「漢土」、すなわち現在でいう中国においても仏法は失われようとしていると認識していた。

中国の宋の時代に遵式《じゅんしき》（九六四～一〇三二）という天台宗の学僧がいて、『南嶽《なんがく》禅師《ぜんじ》止観《しかん》後《こう》序《じょ》』を書いた。これは、南嶽（南岳）大師の『大乗止観』という本を再版する時の経過を述べたものである。『大乗止観』という本は、中国では度重なる戦乱で紛失してしまい、行方不明になってしまった。ところが、日本にはこれが残っていた。それを〝逆輸入〟して、中国で再版された。中国で失われていたものが、日本から渡ることによって、中国にそれがよみがえった。こういう背景があって、「初めは西の方から伝えた。それは、ちょうど同時刻の月の位置を毎日比べると、初めは西の方にあって、日に日に東のほうへと移動していくようなものだ。今はまた、東から帰ってきた。それは、ちょうど太陽が東から出て西に向かうようなものである」という遵式の言葉を引用している。

遵式の言葉は、『大乗止観』をめぐって、中国と日本のことを論じたところだが、日蓮は、これを仏教が中国、インドで失われているということにそのまま当てはめ、遵式の言葉を踏まえて次のように言った。

正像二千年には西より東に流る。暮月の西空より始まるが如し。末法五百年には東より西に入る。朝日の東天より出づるに似たり。（『曾谷入道殿許御書』）

釈尊の滅後、正法《しょうほう》・像法《ぞうほう》の二千年間においては、仏法は西から東に伝わった（仏法東漸《ぶっぽうとうぜん》）。それは、夕暮れ時の月の位置が、日々少しずつ西から東側にずれていくのと同じである。末法《まっぽう》の時代においては、仏法は東から西に伝わっていく（仏法西還）。朝日が東の空から出て、それが少しずつ西の空に移動して行くのと似ている——というのだ。

このように日蓮聖人は、仏法の失われたインドに再び仏法が還るべきであると考えていた。元政上人がそのような日蓮聖人の言葉を目にしていたことは、当然であろう。紫式部が『源氏物語』を起筆した石山寺を訪ねた折、元政上人が、逍遥院の詠んだ『源氏物語』の和歌の真蹟の有無を尋ねたが、行方が分からないというので、上人がその和歌を書写して贈ったことがあった。そのことから、インド、中国で仏典がなくなってしまったことに言及している。

昔、天竺、起信論《きしんろん》を失す。玄奘《げんじょう》、訳して伝ふ。震旦《しんたん》、台教《たいきょう》を失す。日本、謄《うつ》して贈る。蓋《けだ》し起信は大乗の通論、台教は是《こ》れ一代の大意。皆、失ふべからざる者なり。彼、尚《な》ほ失へり。況《いわん》や此《こ》れをや。其《そ》の時有りて返るに及びては、殊方異域《しゅほういいき》、数千万里を遠しとせず。況や其の近きをや。

起信論とは、『大乗起信論』のことである。『大乗起信論』がインドで作られたか、中国で作られたかという議論はさておいて、これは、玄奘三蔵が、『大乗起信論』を中国語からサンスクリット語に翻訳してインドに伝えたという『高僧伝』の記述を踏まえたものである。台教（天台大師の教え）とは、『大乗止観』のことであろう。前者は、大乗とは何かということを理論と実践の両面から論じたものであり、後者は、釈尊一代の教えの要点を論じたものであり、いずれも失ってはならない重要なものである。それなのに、インドと中国ではそれを失ってしまった。今は、『源氏物語』の和歌の真蹟を失っている。時が来て、元あったところへ返っていくことにおいては、異邦や他郷が数千万里離れていても決して遠いことはない——と元政上人は記していた。読書のたびに五天竺に思いを馳せていた上人である。日蓮聖人の仏法西還の思いを、我が思いとしていたことであろう。

それは、「殊方異域、数千万里」という異国への仏法の伝播ということになる。妙楽大師は、インドから中国へという異なる文化圏への仏教伝来について、『摩訶止観輔行伝弘決』で次のように述べている。

礼《れい》楽《がく》前《さき》に駈《は》せて真《しん》道《どう》後に啓《ひら》く。

日蓮聖人は、この言葉にしばしば言及している。

礼楽とは、行為と振る舞いに慎みをもたせる礼儀と、心をなごませる音楽のことで、中国ではそれぞれ社会の秩序を保つもの、人心を感化するものとして、尊重された。転じて文化を意味する。中国において、インドから仏教が伝来するのに先駆けて、生活作法や芸術的な文化面のことが先に弘まり、その後に仏法が弘まったと考えられていた。いわば、文化・芸術面のほうが先で、その後に思想的なものが広まるという考えがなされていたということである。

日本からインドへ仏法が西還する際にも、同じく礼楽が先に駈せるのだとすると、今、インドで短歌・俳句への関心が高まっているのは、仏法西還の兆しが現れているのではないだろうか。仏法西還の先駆けとして、元政上人の詩歌、詩論もこれから注目される時がくるであろう。その時、萩原本（『深草元政上人墨蹟』）は貴重な資料となることであろう。

元政上人は、この妙楽大師の言葉も、日蓮聖人の『顕仏未来記』も目にしていたけずである。そして、書を読んでは五天竺に思いを馳せ、「巻を開きて又西竺の人に逢ふ」（「偶成」）と記していた。仏典を開いては、西域、天竺の人と会い、読書を通じて西域、五天竺を逍遥していた。その時、仏法西還の日を夢見ていたに違いない。

インドで一二〇三年に仏教が壊滅して八百十五年が過ぎ去った。我が国では、元政上人が亡くなって三百五十年が経過して、上人のことが忘れ去られつつある。その現状に「殊方異域、数千万里を遠しとせず、況んや其の近きをや」という上人の言葉がよみがえる。インドへの仏法西還もさることながら、「況んや其の近きをや」で、日本文学史、特に江戸時代の文学における元政上人の再評価がまず求められよう。本書が、その一助にでもなれば幸いである。

# 参考文献


青山霞村 著『深草の元政』東亜堂書房、一九〇九年
青山霞村 著『深草の元政』平楽寺書店、一九三六年
姉崎正治 編『彙編　艸山詩集』上下巻、平楽寺書店、一九四一年
伊藤松宇 校訂『風俗文選』岩波文庫、岩波書店、一九九七年
植木雅俊 訳『梵漢和対照・現代語訳　法華経』上下巻、岩波書店、二〇〇八年（毎日出版文化賞受賞）
植木雅俊 訳『梵漢和対照・現代語訳　維摩経』岩波書店、二〇一一年（パピルス賞受賞）
植木雅俊 著『仏教、本当の教え――インド、中国、日本の理解と誤解』中公新書、中央公論新社、二〇一一年
植木雅俊 著『思想としての法華経』岩波書店、二〇一二年
植木雅俊 訳『サンスクリット原典現代語訳　法華経』上・下巻、岩波書店、二〇一五年
植木雅俊・橋爪大三郎 著『ほんとうの法華経』ちくま新書、筑摩書房、二〇一五年
植木雅俊 訳・解説『サンスクリット版縮訳　法華経　現代語訳』角川ソフィア文庫、KADOKAWA、二〇一八年
上田本昌 著「俳諧文学に現れた日蓮聖人」、『棲神』第三八号、身延山短期大学学会、一九六五年

上野洋三 注『石川丈山・元政』、江戸詩人選集、第一巻、岩波書店、一九九一年
小高敏郎 著『近世初期文壇の研究』明治書院、一九六四年
川口智康 編『深草元政「草山集」を読む』勉誠出版、二〇一七年
寒山・拾得 著『寒山拾得詩集』すみや書店、一九〇九年
冠 賢一 著『近世日蓮宗出版史研究』平楽寺書店、一九八三年
紀野一義 著『名僧列伝(四)—一遍・蓮如・元政・辨榮聖者』講談社学術文庫、講談社、二〇〇一年
幸田露伴 著『評釈 芭蕉七部集 冬の日』岩波書店、一九八三年
国文学研究資料館 編『芭蕉と元政』古典講演シリーズ、臨川書店、二〇〇一年
島原泰雄 編『深草元政集』全四巻、古典文庫、一九七七〜七八年
島原泰雄 著「『草山和歌集』の配列と成立について」、『国文学研究資料館紀要』第三号、一九七七年
関戸堯海 著『草山要路——清らかな生き方』山喜房佛書林、二〇〇二年
中村真一郎 著『雲のゆき来』講談社文芸文庫、講談社、二〇〇五年
中村 元 訳『ブッダのことば——スッタニパータ』岩波文庫、岩波書店、一九五八年
中村 元 訳『ブッダの真理のことば・感興のことば』岩波文庫、岩波書店、一九七八年
中村 元 著『インド人の思惟方法』、『中村元選集 決定版』第一巻、春秋社、一九八八年
萩原是正 編『元政上人實物殿総目録』隆盛寺、二〇〇三年
萩原是正 編『深草元政上人墨蹟』大神山隆盛寺文庫、二〇一六年
大神山隆盛寺 編『元政上人と隆盛寺』大神山隆盛寺文庫、二〇一六年
林左馬衞 著「釈元政の文学における心と狂」、『藝文研究』第二七号、慶應義塾大学芸文学会、

一九六九年
久松潜一編『中世歌論集』岩波文庫、岩波書店、一九三四年
深草元政上人著『身延道の記』元政庵瑞光寺、一九九九年
三戸勝亮著『身延道の記』承教寺、一九三六年

# 元政上人年譜

| 年号 | 西暦 | 年齢 | 事績 |
|---|---|---|---|
| 元和 九 | 一六二三 | 1 | 二月二十三日、京都一条戻橋（上京区堀川一条）付近で生まれる。父は、毛利輝元の元家臣・石井元好。幼名を俊（俊平？）と称し、幼少時から神童と注目された。 |
| 寛永 元 | 一六二四 | 2 | 七月、父と東山の大文字送り火を見て、帰宅して大の字を書く。 |
| 五 | 一六二八 | 6 | 初めて『四書』を読む。建仁寺の九巌長老に『大学』の二行を授けられ、すぐに暗誦して驚かす。 |
| 七 | 一六三〇 | 8 | 彦根藩士の長兄、元秀のもとで武芸や作法を学ぶ。 |
| 九 | 一六三二 | 10 | 教育熱心な父に京都に呼び戻され、学問を学ぶ。松永貞徳から和歌・歌道を学ぶ。 |
| 一一 | 一六三四 | 12 | このころ母とともに石山寺に遊び縁起絵巻を見て感銘する。 |
| 一二 | 一六三五 | 13 | 彦根藩主、井伊直孝の近侍として仕え、名を源八郎元政と改める。江戸出仕中も暇を見つけては和漢の読書に熱中する。 |
| 一八 | 一六四一 | 19 | 江戸在勤中に病を得て、彦根に戻る。療養中に母と訪れた泉州和気村の妙泉寺で日蓮聖人の像を拝して、①出家すること、②父母に孝を尽くすこと、③天台三大部を閲読すること――の三つの願を立てる。泉涌寺雲龍院周律師の法華経講義に参加し、出家を申し出るが、まだ早いと慰留される。 |
| 一九 | 一六四二 | 20 | 春から彦根藩の勤務に復帰して数年間、井伊家に仕える。 |
| 正保 三 | 一六四六 | 24 | 父のもとに滞在する。八月下旬に江戸へ下る。 |
| 四 | 一六四七 | 25 | 出家を決意し、藩主、井伊直孝から致仕（官職を退くこと）の許可を得る。京都と彦根を往復しつつ、出家の準備と、藩士としての事後処理に当たる。松永貞徳らと交流し、和歌を贈答する。 |

| | | | |
|---|---|---|---|
| 慶安元 | 一六四八 | 26 | 正月に出家して、京都の妙顕寺十四世日豊上人に師事する。両親を妙顕寺に近い一条に住まわせ、孝養を尽くす。 |
| 四 | 一六五一 | 29 | 長兄・元秀の子、顕寿（日現、四歳）が元政のもとに就く。 |
| 承応元 | 一六五二 | 30 | 顕寿が得度し、日現として弟子入りする。 |
| 二 | 一六五三 | 31 | 讃岐丸亀出身の禅僧・宜翁が元政の弟子となり、名を日可と改める。 |
| 三 | 一六五四 | 32 | 紀州藩主・松平頼宣から、その母のために建てた養珠寺に招かれたが、固辞する。 |
| 明暦元 | 一六五五 | 33 | 日現が八歳で没する。師の日豊上人が池上本門寺の貫主として招かれる。それを機に、妙顕寺を退き、晩秋の深草の霞谷に草庵（称心庵）を結び隠棲する。宜翁日可らがこれに従う。『釈氏二十四孝』『艸山要路』成る。 |
| 二 | 一六五六 | 34 | 両親を一乗から草庵近くに住まわせる。 |
| 三 | 一六五七 | 35 | 九月に『小止観抄』を刊行。このころから病気の治療のために摂津高槻の佐野雄軒のもとに通い始める（寛永七年まで六回訪れた）。 |
| 万治元 | 一六五八 | 36 | 春に妙顕寺歴代住職の系譜と略伝を記した『龍華歴代師承伝』を刊行。十二月十八日、父・元好が死去（享年八十七）。 |
| 二 | 一六五九 | 37 | 七月二十一日、長姉・春光院の子、井伊直澄が三代藩主となる。八月十三日、亡き父の遺骨を納めるために老母とともに身延山への旅に出立。江戸にも足を伸ばし、十月に帰京する。往復の途次には、次姉の嫁ぎ先の名古屋に立ち寄り、明から亡命した詩人・陳元贇と出会い、交流を重ねた。『身延道の記』（身延行記）は、この旅の日記としてまとめられた。 |
| 三 | 一六六〇 | 38 | 『本朝法華伝』を脱稿。『法華題目和談抄』成る。 |
| 寛文元 | 一六六一 | 39 | 四月八日、深草山瑞光寺が落成。母のために近くに養寿庵を造る。『称心病課』をまとめ、陳元贇に送って評を求める。『本朝法華伝』を刊行。六月六日、弟子の竹庵宜翁日可が三十八歳で死去。母に従って再び名古屋を訪ねる。 |

| | | | |
|---|---|---|---|
| 寛文 二 | 一六六二 | 40 | 二月に陳元贇が来訪。春、高槻を訪ねる。十一月、熊沢蕃山、小倉実起らが深草を訪れ、琵琶、琴を奏する。秋、再び高槻に行く。 |
| 三 | 一六六三 | 41 | 『身延道の記』や、陳元贇との唱和を集めた『元元唱和集』を刊行。春、療養のため洛北の鷹峰に滞在する。この間の詩文をまとめた『北峰病課』成る。 |
| 四 | 一六六四 | 42 | 春、高槻にて療養する。六月、収玄子（打它景軌）の別邸、西山の「何有邸」に遊ぶ。八月、僧伽梨を作る。九月、猿丸旧跡に遊ぶ。『北野法華寺の記』『六方部寺縁起』『波瀲石の記』『僧伽梨の記』『身延道の記』『竹庵遺稿』『扶桑隠逸伝』を刊行。『三国伝来記』『尋猿丸旧跡記』成る。 |
| 五 | 一六六五 | 43 | 三月一日、後に瑞光寺二世となる律宗の智岸（二十四歳）が律宗から元政上人の弟子となり、慧明日燈と名乗る。八月、有馬温泉で湯治。このときの詩文をまとめたものが、寛文八年に『温泉遊草』として刊行される。 |
| 六 | 一六六六 | 44 | 『如来秘蔵録』『聖凡唱和』『食医要編』成る。 |
| 七 | 一六六七 | 45 | 二月七日、長兄・元秀、草山に元政と母を訪ね、元政に湯治を勧める。再び有馬温泉で湯治。この間の詩文を『温泉再遊』とする。七月七日、小康を得て宇治に遊ぶ。八月、醍醐で観月。八月末、母の看病をしながら『妙法蓮華経新註』『法苑珠林』などを校訂。九月、『妙法蓮華経新註』成る。十二月六日、母・妙種が八十七歳で死去。十二月十二日、病を発し、十二月十九日に病態が悪化し、高槻に赴いて佐野雄軒の治療を受けて年を越す。 |
| 八 | 一六六八 | 46 | 二月九日、深草に帰り、二月十五日、大曼荼羅をしたため、日燈上人に付嘱。二月十八日に入寂。 |
| 一一 | 一六七一 | — | 陳元贇が死去（享年八十五）。 |
| 延宝 二 | 一六七四 | — | 『艸山集』が刊行される。 |
| 元禄 三 | 一六九〇 | — | 『冠註略解　妙法蓮華経新註』が刊行される。 |

『深草元政上人墨蹟』の年譜を参考にした。

植木雅俊（うえき・まさとし）

1951年、長崎県生まれ。仏教思想研究家。九州大学大学院理学研究科修士課程修了、東洋大学大学院文学研究科博士後期課程中退。91年より東方学院において中村元氏のもとでインド思想・仏教思想、サンスクリット語を学ぶ。2002年、お茶の水女子大学で人文科学博士号取得。著書に、『梵漢和対照・現代語訳　法華経』（岩波書店、2008年、毎日出版文化賞受賞）、『梵漢和対照・現代語訳　維摩経』（岩波書店、2011年、パピルス賞受賞）、『仏教、本当の教え』（中公新書、2011年）、『仏教学者 中村元 求道のことばと思想』（角川選書、2014年）、などがある。

江《え》戸《ど》の大詩人《だいしじん》　元政上人《げんせいしょうにん》
——京都《きょうと》深草《ふかくさ》で育《はぐく》んだ詩心《ししん》と仏教《ぶっきょう》

〈中公叢書〉

著　者　植木雅俊《うえきまさとし》

2018年12月25日　初版発行

発行者　松田陽三

発行所　中央公論新社
〒100-8152　東京都千代田区大手町 1-7-1
電話　03-5299-1730（販売）
　　　03-5299-1740（編集）
URL http://www.chuko.co.jp/

印刷・製本　大日本印刷


Published by CHUOKORON-SHINSHA, INC.
Printed in Japan　ISBN978-4-12-005154-8 C0095
定価はカバーに表示してあります。

落丁本・乱丁本はお手数ですが小社販売部宛にお送り下さい。
送料小社負担にてお取り替えいたします。